Gaming Non

Was Spieler (nicht) wissen müssen

Kuriose Videospiele-Fakten und unglaubliche Geschichten

Vorwort

Tja, was soll ich zu dem Buch schon sagen? Ihr bekommt keine Tipps. Ihr seid nachher vermutlich nicht sonderlich schlauer. Und einen richtigen Mehrwert kann es Euch in dem Sinne auch nicht bieten. Ihr braucht dieses Buch sicherlich nicht, wenn Ihr etwas lernen möchtet.

Außer Ihr wollt euch mit unnützem Wissen rund um das Thema Gaming vergnügen: Ein Super Nintendo, das ununterbrochen seit 1995 läuft. Oder wie wäre es mit Sonics erstem Videospiel-Auftritt als Lufterfrischer. Ok, einen Vorgeschmacks-Fakt habe ich noch: Ohne einen Fehler hätte es Grand Theft Auto wahrscheinlich niemals gegeben.

Dieses Buch präsentiert Euch aber nicht nur unnütze Gaming-Fakten, sondern auch einen kleinen Einblick in das, was die Spieleindustrie teilweise Abseits der Öffentlichkeit zu bieten hat. Das kann ganz witzig sein und hin und wieder einen Aha- oder Mir-doch-egal-Moment hervorrufen.

Beispielsweise löschte ein MMO-Betreiber versehentlich sein Spiel und hatte kein Backup parat. Und der ehem. Sony-Präsident schlief vor laufender Kamera ein. Autsch: Candy Crush Extrem und die gerissene Daumensehne.

Lasst Euch überraschen und viel Spaß.

Noch eine kleine Anmerkung zu mir und eine Antwort auf die Frage, woher ich denn all diese kuriosen Fakten und Geschichten habe.

Ich war jahrelang Journalist, oder auch umgangssprachlich Spieleredakteur, und ging dieser Tätigkeit seit 2004 nach. Ich schrieb für zahlreiche Publikationen, ebenso unter Synonymen, war Chefredakteur und Ressortleiter, habe viele Kollegen und Freunde in der Branche kennengelernt. In der ganzen Zeit berichtete ich über die verschiedensten Themen, an die ich auch heute noch denken muss.

Dieses Buch dient in erster Linie dazu, mich zurückzuerinnern und die Texte in der Hand zu halten. Andererseits möchte ich sie mit Euch (nochmals) teilen. Sicherlich finden sich im Internet zahlreiche Webseiten mit haufenweise Gaming-Trivia, kurz und knackig, aber ich wollte das Buch unbedingt auf meine Art und Weise realisieren: ein Thema pro Seite sowie noch ein paar kurze Funfacts zum Schluss. Darüber hinaus stellt Gaming Nonsense das erste von mehreren Büchern einer Reihe dar, und somit einen Auftakt.

Habt Ihr Fragen, Anregungen oder Kritik zum Buch, dann kontaktiert mich unter **buch@sebj.de**

Auf Quellen und Nachweise verzichtet dieses Buch, da das einfach den Rahmen sprengen würde.

Mehr Fakten, News und Austausch findet Ihr auf www.gamingnonsense.com und facebook.com/gamingnonsensebuch

Gaming-Bücher von Gaming Nonsense

GAMING

WAS SPIELER (N

#SEBJ

GAMING-
Die größten Aufreger und Kontroversen rund um Videospiele
SKANDALE

#SEBJ   Aus der Buch-Reihe Gaming Nonsense

ALTERSEMPFEHLUNG:
AB 18 JAHREN

exklusiv bei
amazon erhältlich

gamingnonsense.com

Inhalt

1980ER - 1990ER

1979: das erste Easter Egg in einem Spiel

Es wird angenommen, dass das erste Easter Egg in einem Spiel im Jahr 1979 auftauchte. Nämlich in **Adventure** für den Atari 2600. Und somit gilt Warren Robinett – der Schöpfer des Spiels – gleichzeitig auch als Schöpfer von Easter Eggs.

Das Easter Egg in Adventure ist nicht sonderlich spektakulär: in dem Titel muss ein verzauberter Kelch in einem Labyrinth gefunden und zum goldenen Palast zurückgebracht werden.

In dem Labyrinth ist ein unsichtbarer Pixel zu finden, mit Hilfe dessen ein versteckter Raum betreten werden kann. An der Wand des Raums ist in senkrechter Schriftreihe „Created by Warren Robinett" zu lesen. Der Entwickler hat sich also in dem Spiel auf diese Art und Weise verewigt.

Als Easter Egg bezeichnet man etwas Verstecktes in Spielen oder auch Programmen, was etwa Sprüche, Witziges, Minispiele, Fotos, Grüße, ein zusätzliches Level, Anspielungen und vieles mehr sein können.

1980: Pac-Man: Macher fürchteten sich vor „Fuck Man"

Die Figur Pac-Man gehört zu den bekanntesten und kultigsten Spiele-Charakteren. Doch ursprünglich trug der kleine gelbe Wicht einen ganz anderen Namen, der den Machern ein wenig Sorge bereitete.

In Japan veröffentlichte Namco Pac-Man als „Puck Man". Als Midway das Spiel schließlich lizenzierte und in den Westen bringen wollte, wurde der Name Puck Man in Pac-Man umgeändert.

Der Grund: man befürchtete, der Name Puck Man könnte auf den Spielautomaten in „Fuck Man" abgewandelt werden.

Das erste Spiel der Reihe wurde am 22. Mai 1980 als Arcade-Automat in Japan veröffentlicht, erst im Oktober 1980 folgte dann die internationale Version. Auch heute noch werden Spiele rund um Pac-Man veröffentlicht, darunter Pac-Man 256 für iOS, Android, PC und Konsolen sowie Pac-Man Championship Edition 2 für PC, Xbox One und PS4.

1980er: Miyamoto ließ sich für Zelda von Peter Pan inspirieren

Mario-Schöpfer Shigeru Miyamoto verriet einmal in einem Interview mit einer französischen Seite, dass er sich bei der Erschaffung des Hauptcharakters für The Legend of Zelda von der Kultfigur Peter Pan hat inspirieren lassen.

Demnach basiert Link also mehr oder weniger auf Peter Pan. Miyamoto zufolge sollte der Protagonist von The Legend of Zelda einen gewissen Wiederkennungswert besitzen. Miyamoto selbst hat eine Vorliebe für Disney-Filme, wobei Sprite-Designer Takashi Tezuka schließlich damals für das Design verantwortlich war.

Sicherlich lässt sich auch erahnen, dass nicht nur Link, sondern ebenso dessen treue Fee Navi einst der Inspiration von Peter Pan entsprungen sein könnte: nämlich von Tinkerbell. Offiziell ist das zwar nicht, aber es ist doch relativ offensichtlich.

Den Name Zelda hingegen lieh man von US-Autorin Zelda Fitzgerald, wie Miyamoto sagte: *„Sie war eine beliebte und wunderschöne Frau, in jeglicher Hinsicht. Ich mochte den Klang ihres Namens."*

1980er: Von Popeye zu Donkey Kong

Noch bevor Mario-Schöpfer Shigeru Miyamoto Donkey Kong in die Arcade-Welt entließ, arbeitete er an einem Popeye-Spiel. Und das war im Prinzip ganz ähnlich wie das klassische Donkey Kong aufgebaut.

Popeye deshalb, da Nintendo bereits Popeye-Spielkarten und 'Game & Watch'-Titel rund um den Spinat-essenden Kult-Charakter im Programm hatte.

„Deshalb wurde ich zunächst gefragt, ob ich nicht ein Spiel mit Popeye als Figur entwickeln könnte. Das grundlegende Konzept von Popeye lautet: Da ist ein Held, da sein Widersacher. Der Held schafft es, mit Hilfe von Spinat den Spieß umzudrehen", so Miyamoto.

In dem Spiel ging es um das Klettern auf Leitern, um so auf die obere Ebene zu gelangen und Olive Oyl aus den Klauen des Fieslings Bluto zu befreien.

Doch dann kam der Zeitpunkt, an dem Nintendo Popeye in diesem Spiel nicht mehr verwenden durfte. Laut Miyamoto habe es sich damals so angefühlt, als ob man ihn selbst von der Leiter gestoßen habe.

„Wir wussten zum damaligen Zeitpunkt nicht, wie wir fortfahren sollten. Dann kam uns der Gedanke: „Warum denken wir uns nicht eine eigene Figur aus?", erklärt Miyamoto.

1980er: Das echt unechte Mario-Spiel

Wenn Europäer und Amerikaner an Super Mario Bros. 2 denken, dann an ein Spiel, das relativ wenig mit der Mario-Reihe zu tun hat.

Doch fangen wir von vorne an: Super Mario Bros. 2 kam ursprünglich in Japan auf den Markt und stellt nicht direkt einen Nachfolger von Super Mario Bros. dar, sondern vielmehr eine Weiterentwicklung. Das Spiel unterscheidet sich kaum von seinem Vorgänger, bietet jedoch ein paar grafische Updates, zusätzliche Items und angepasste Level, die das bekannte Gameplay schwieriger gestalten. Quasi ein Remake, wie man es heute nennen würde.

Nintendo of America war von diesen Änderungen nicht sonderlich begeistert und dachte sich, dass das Spiel durch den höheren Schwierigkeitsgrad nicht zugänglich genug wäre. Zudem wollte man eine „echte" Fortsetzung und nicht einfach ein Spiel, das auf dem Original aufbaut.

Also veröffentlichte man das Spiel nicht in Amerika (und Europa) und nahm stattdessen das NES-Spiel „Yume Kōjō: Doki Doki Panic" als Vorlage her. Um daraus ein Mario-Spiel zu machen, tauschte man einfach die Sprites aus - et voilà, Super Mario Bros. 2 für den amerikanischen und europäischen Markt war geboren.

So ist Super Mario Bros. 2, wie es hierzulande auf den Markt kam, in dem Sinne also kein „echtes" Mario-Spiel. Diese Version wurde Anfang der Neunziger in Japan als Mario Bros. USA vertrieben. Das japanische Super Mario Bros. 2 hingegen kam in Nordamerika und Europa als Super Mario Bros.: The Lost Levels auf den Markt, das im Rahmen von Super Mario All-Stars für das SNES erschien.

1980er: Friends-Schauspielerin Courteney Cox arbeitete bei Bethesda

Wer die Neunziger-Sitcom Friends gesehen hat, dürfte sich unter anderem an Hauptdarstellerin Courteney Cox erinnern, die in der Serie Monica gespielt hat und eine Beziehung mit Chandler (Matthew Perry) einging. Auch kennt man die Schauspielerin unter anderem aus Scream – Schrei!

Doch wusstet Ihr, dass sie für Bethesda gearbeitet hat? Richtig, der Spieleentwickler, der vor allem für die Rollenspiel-Reihen The Elder Scrolls und Fallout (ab 3) bekannt ist. Cox war bei Bethesda in den Achtzigern angestellt, wenn auch nicht sonderlich lang.

Als Fallout 3 2008 auf den Markt kam, hielt sie zusammen mit ihrem Ex-Mann David Arquette, Schauspielerin Odette Yustman (Dr. House), Musiker Ben Harper und einigen Zenimax-Leuten eine Launch-Party in Los Angeles ab.

Apropos Friends und Fallout: Schauspieler-Kollege Matthew Perry spielte in Fallout: New Vegas nicht nur eine Figur, sondern ist selbst auch Fan der Reihe.

1982: Der erste kabellose Controller

Kabellose Controller sind aus der heutigen Zeit nicht mehr wegzudenken, bieten diese doch einen hohen Grad an Freiheit.

Ganz vorne in dem Bereich mit dabei war von Anfang an Nintendo, experimentierte das Unternehmen doch in den Achtzigern mit dem nie veröffentlichten Advanced Video System und später auch beim NES. Aber erst mit dem WaveBird Wireless Controller für den GameCube machte Nintendo kabellose Steuereinheiten salonfähig und trug einen bedeutenden Teil dazu bei.

Fans mögen es nun kaum glauben, aber Nintendo war nicht der erste Hersteller, der kabellose Controller hatte. Der erste kabellose Controller war nämlich der The Game Mate 2 für den Atari 2600. Dabei handelt es sich um zwei Geräte mit dem Charme der Standard-Atari-Joysticks, die am Ende nicht zum erhofften Erfolg wurden.

Denn einerseits hat man ein Empfangsgerät mit einer riesigen Antenne, und andererseits ist auch an den beiden Joysticks eine große Antenne angebracht. Aber es funktionierte. Mehr oder weniger.

1982: Pac-Man taucht im Kultfilm Tron auf

Der Kultfilm Tron aus dem Jahr 1982 bietet einige Anspielungen, darunter auf Disneys Micky Maus. Doch wusstet Ihr, dass sogar Pac-Man darin vorkommt?

Man muss schon genau hinschauen, doch einmal entdeckt, offenbart sich, dass er in Commander Sarks Kontrollbildschirm zu finden ist und nur darauf wartet, seine Pillen zu mampfen.

Wenn man genau hinhört, vernimmt man sogar den typischen 'Wacka Wacka'-Sound. Natürlich sind Videospielcharaktere in Filmen nichts Neues, und Pac-Man schon gar nicht, zumal Disneys Ralph Reichts zahlreiche Figuren zusammenbringt.

Anfang der Achtziger Jahre war das schon etwas Besonderes, ein solches Easter Egg vorzufinden.

1984: Der große Videospiele-Crash

In den Achtzigern steckten Videospiele mehr oder weniger noch in den Kinderschuhen. Besonders hart traf es die Branche zwischen 1983 und 1985, als es zum großen Kollaps kam und der sogenannte Video Game Crash stattfand.

Ausgelöst wurde die Krise vor allem durch Atari, als das Unternehmen Umsatzerwartungen für das 4. Geschäftsquartal von einem Plus von zehn bis 15 Prozent ankündigte. Viel weniger als erhofft. Das kam an der Börse nicht sonderlich gut an, zumal Atari damals der Big-Player der Videospiele-Industrie war und Umsätze von mehr als 1 Milliarde US-Dollar im Jahr generierte.

Durch diese Ankündigung gingen die Aktien, darunter auch von Warner Communications, so weit nach unten, dass der Marktwert am Ende um 1,3 Milliarden US-Dollar fiel. Auch andere Konzerne traf dies hart, beispielsweise Konkurrent Mattel und Imagic.

Um das Ganze kurz zu machen: Und so zog sich das wie eine Dominowelle durch die Spielewelt, immer mehr Unternehmen gingen pleite und der Markt stagnierte zunehmend. Das hatte natürlich auch zur Folge, dass zahlreiche angekündigte Spiele nicht mehr herauskamen und die Spieler vergeblich warten mussten.

Im Grunde konnte Nintendo mit dem NES den Markt wieder besänftigen und zusammen mit SEGA alles glätten. All diese Zeilen sind nur eine sehr grobe oberflächliche Zusammenfassung, da das Thema schon beinahe ein eigenes Buch verdient und im Detail deutlich spannender ist.

1985: Super Mario ein Massenmörder?

Nintendos Mario ist normalerweise der nette Typ von nebenan und rettet nicht nur regelmäßig Prinzessin Peach, sondern gleichzeitig auch das kunterbunte Pilzkönigreich inklusive dessen Bewohner vor Fiesling Bowser und Co.

Auf seinem Weg begegnet er zahlreichen Feinden, die sich ihm in den Weg stellen. Häufig mit einem Sprung auf die Rübe, aber auch mit Feuerbällen und anderen Fähigkeiten haucht er ihnen das Leben aus. So wirklich verwerflich ist vermutlich nichts daran und jeder feiert Super Mario und dessen Bruder Luigi als Helden.

Doch eine Sache lässt die Heldentaten von Mario (und Luigi) in einem komplett anderen Licht erscheinen. Nimmt man sich das Original-Booklet der NES-Version von Super Mario Bros. her und schaut sich die Beschreibung an, dann wird darin verraten, dass die Pilzkönigreich-Bewohner bei der Ankunft der Koopas unter anderem in Blöcke verwandelt wurden. Also jene Blöcke, die Mario in seinen Abenteuern in schier endloser Stückzahl zertrümmert. Er zerschmettert demnach quasi die zu Blöcken verwandelten Pilzkönigreich-Bewohner.

Das Original-Booklet ist offenbar auch die einzige offizielle Quelle, die von dieser Verwandlung der Bewohner in die Blöcke spricht.

1985: Der mysteriöse 'Konami Code'

Hoch, Hoch, Runter, Runter, Links, Rechts, Links, Rechts, B, A, START – mit diesem merkwürdigen Gebilde wurde 1985 der sogenannte 'Konami Code' im NES-Spiel Gradius geboren.

Der Konami Code gehört quasi zum Allgemeinwissen eines Spielers und darf deshalb in diesem nutzlosen Buch nicht fehlen. Indem man nacheinander die Buttons bzw. Controller-Tasten in der oben angegebenen Reihenfolge drückt, wird ein Cheat freigeschaltet, mit dem man wiederum Zugriff auf sämtliche Power-Ups erhält.

So richtig populär wurde diese Eingabefolge erst mit Contra für das NES, wodurch sich im Laufe der Zeit ein gewisser Kult darum entwickelte und der Konami Code in weiteren Spielen Einzug hielt.

Erschaffen wurde er damals von Programmierer Kazuhisa Hashimoto, damit er es während den Testphasen in der Entwicklung leichter hatte. Am Ende aber dachte er nicht an die Entfernung des Codes, so dass dieser im Spiel blieb und später von den Spielern zufällig entdeckt wurde.

Zwar hatten die Nachfolger zu Gradius ebenfalls diesen Code, doch bereits bei Gradius 3 war der Konami Code eher eine Hommage und als Cheat weniger zu gebrauchen, zerstörte er doch das Schiff des Spielers. Was man hingegen tun musste: L- und R-Trigger auf dem SNES-Controller nutzen, statt Links und Rechts auf dem Steuerkreuz, um den „richtigen" Cheat freizuschalten.

Später wurde der Konami Code sogar so beliebt, dass er ebenfalls von anderen Entwicklern übernommen wurde. Der Konami Code ist auch heute noch in aktuellen Spielen vorhanden, darunter etwa in BioWares Anthem, Grand Theft Auto Online und BioShock Infinite.

Hashimoto starb im Februar 2020 im Alter von 61 Jahren. Konami bezeichnete ihn als „sehr talentierten Producer".

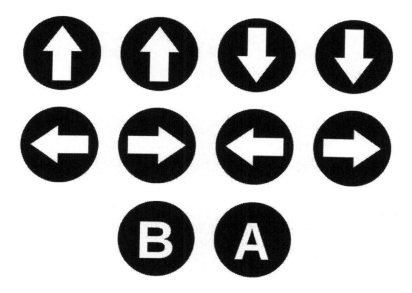

1987: Mega Man verdankt seine Farbe dem NES

Mega Man erstrahlt bekanntlich in der Farbe Blau. Und das nicht ohne Grund, denn den blauen Anstrich verdankt Capcoms Held dem NES von Nintendo.

Der Grund liegt in der limitierten Farbpalette des Geräts - mehr als 25 von insgesamt 52 Farben kann das NES nicht gleichzeitig darstellen, so dass Entwickler sehr eingegrenzt in der Farbwahl waren. Allerdings besitzt die Farbpalette beim Blauton die meisten Schattierungen, was sich Schöpfer Keiji Inafune zunutze machte und Mega Man damit ausstattete.

Hätte Inafune damals eine andere Farbe gewählt, so wäre Mega Man am Ende quasi weniger herausgestochen. Schließlich ist der kleine Hüpfer nicht das einzige Objekt, das mit blauer Farbe dargestellt wird.

Mega Man erschien 1987 für das NES und bekam seitdem mehr oder weniger regelmäßig neue Abenteuer spendiert. Die Hauptreihe selbst musste knapp 11 Jahre warten, bis ein neuer Teil erschien, nämlich Mega Man 9 im Jahr 2008. Mega Man 7 kam 1997 heraus. Mega Man 11 aus dem Jahr 2018 ist das bislang letzte Spiel der Reihe (Stand 2020).

1980er / 1990er: Warum NES und SNES wirklich einen Eject-Button besitzen

Die japanische Variante des NES sowie das SNES generell besitzen beide einen Eject-Button, mit dem sich die Module aus ihrer Vorrichtung lösen lassen, um sie problemlos zu entnehmen.

Doch in Wirklichkeit ist das technisch gar nicht nötig: der Eject-Button wurde nicht integriert, da das Entnehmen für die Kontakte der Module schädlich ist. Schließlich funktioniert das beim Game Boy und dem Nintendo 64 auch problemlos.

Stattdessen wurde der Eject-Button in die Konsolen eingearbeitet, da der in den Neunzigern verstorbene 'Game Boy'-Schöpfer Gunpei Yokoi der Ansicht war, dass Kinder mit den durch das Drücken des Knopfes herauskommenden Modulen ebenso ihre Freude haben sollten. Selbst wenn sie ein Spiel also nicht spielten, sollten sie Spaß mit der Konsole haben.

1980er / 1990er: Sonic-Schöpfer ließ sich von Super Mario Bros. inspirieren

Als Nintendos Super Mario Bros. für das NES im Jahr 1985 auf den Markt kam, existierte das Konzept von SEGAs blauem Igel noch nicht. Erst dieses Kultspiel sorgte dafür, dass die Idee von Sonic geboren wurde.

Schöpfer Yūji Naka, der auch an Spielen wie Out Run, NiGHTS into Dreams und gefühlt unendlich vielen Sonic-Titeln arbeitete, spielte nach eigenen Aussagen Level 1-1 von Super Mario Bros. immer wieder. Also den allerersten Level.

Er versuchte mit der Zeit den Level immer schneller durchzuspielen und besser zu werden. Und da kam ihm dann die Idee zu Sonic: *„Ich versuchte immer schneller durch den Level zu gelangen, was mich für das anfängliche Konzept für Sonic the Hedgehog inspirierte."*

Ursprünglich sollte Sonic sogar ein Hase sein, doch da sich die Umsetzung der Ohr-Animationen schwierig gestaltete, wurde diese Idee gekippt. Außerdem war auch ein Gürteltier im Gespräch. Darüber hinaus hätte Sonic diverse Items aufnehmen sollen, ebenso wie Mario es macht, was dann aber den schnellen Spielfluss störte.

1990er: Solitaire und Minesweeper sollten PC-Nutzern Computer-Grundlagen vermitteln

Solitaire und Minesweeper sind zwei populäre Windows-Spiele, die über die ganzen Jahre sowohl Zuhause als auch an Arbeitsplätzen für unzählig viele Stunden Spielspaß und teilweise auch Frustration sorgten. Auch heute noch sind die beiden Klassiker nicht mehr wegzudenken, wobei sich Solitaire zum wirklichen All-Time-Favoriten gemausert hat.

Beide Spiele integrierte Microsoft in die Windows-Betriebssysteme nicht nur, um den Nutzern Spielspaß zu bieten, sondern man wollte in den Neunzigern mit beiden Spielen auch PC-Grundlagen vermitteln.

Solitaire wurde 1990 in Windows 3.0 integriert, um den Usern das Feature „Drag and Drop" näherzubringen. Das war vor allem für jene gedacht, die sich zuvor noch mit Befehlszeilen herumschlugen. Auch heute noch ist „Drag and Drop" eines der wohl wichtigsten Elemente von Desktop-Betriebssystemen, sei es, um etwa Dateien in Ordner zu verschieben.

1990er: Gestatten, mein Name ist Guybrush Threepwood

Guybrush Threepwood ist der wohl bekannteste und auch tollpatschigste Möchtegern-Pirat im Spiele-Universum. Doch wie erhielt der Protagonist der 'Monkey Island'-Reihe überhaupt seinen Namen?

Als sich The Secret of Monkey Island vor über drei Jahrzehnten bei LucasArts in Entwicklung befand, hatte man bei der Erstellung von Guybrush noch keinen Namen parat. Die Figur bzw. der Sprite (Grafik) wurde mit dem Programm Deluxe Paint gezeichnet bzw. erschaffen – die Datei nannte man damals einfach guy.bbm. bbm steht für die Dateiendung des erwähnten Programms und „Guy" bedeutet einfach nur Kerl oder auch Typ.

Der Künstler Steve Purcell, der diesen Sprite in Deluxe Paint erstellte, fügte schließlich noch „brush" zu dem Dateinamen hinzu. Damit sollte verdeutlicht werden, dass es sich um eine Brush-Datei für den "Guy-Sprite" handelte – also hieß diese Datei guybrush.bbm. Und genau diese Dateibezeichnung übernahmen Ron Gilbert und dessen Team.

Guybrushs Nachname Threepwood hingegen kam bei einer Art Wettbewerb innerhalb des Entwickler-Teams hervor und wird von zwei Charakteren abgeleitet, die von dem britischen Schriftsteller P. G. Wodehouses erschaffen wurden - nämlich Galahad Threepwood und Freddie Threepwood. Beide haben ganz ähnliche Charakter-Eigenschaften wie Guybrush.

1990er: Totaka's Song: die versteckte Melodie in Nintendo-Spielen

Wusstet Ihr, dass es in zahlreichen Nintendo-Spiele eine mehr oder weniger versteckte Melodie gibt, die erstmals in den Neunzigern auftauchte und sich bis heute in aktuellen Titeln wiederfindet? Der sogenannte „Totaka's Song" wurde damals von Nintendos Sound Designer und Komponist Kazumi Totaka erschaffen und ist eine aus gerade einmal 19 Noten bestehende Melodie.

Totaka's Song ist häufig erst dann zu hören, wenn man ein wenig in den jeweiligen Spielen wartet. Verweilt man beispielsweise zwei Minuten und 30 Sekunden beim 'Game Boy'-Klassiker Super Mario Land 2 am 'Game Over'-Bildschirm, dann wird diese Melodie gespielt. Wird etwa bei Luigis Mansion für insgesamt 3 Minuten und 50 Sekunden im Einstellungs-Menü gewartet, dann ertönt die Melodie ebenfalls.

Bei Mario Kart 8 könnt Ihr ebenso ohne Probleme die Melodie hören: wählt einfach eine der Strecken Donut Plains 3, Yoshi Circuit oder Sweet Sweet Canyon, fahrt schließlich zu einem der Yoshis am Rand und hört genau hin. Einer der Yoshis summt Totaka's Song. Unter Umständen müsst Ihr zu einem anderen Yoshi fahren, wenn Ihr den Song nicht hört. Teilweise ist das Summen aber auch so leise, dass man schon sehr genau hinhören muss – Kopfhörer empfohlen. Weitere Spiele sind beispielsweise sämtliche ‚Animal Crossing'-Titel, Mario Paint und The Legend of Zelda: Link's Awakening (auch das Remake von 2019).

1990er: Akustische Gemeinsamkeiten: Zelda stibitzt von Mario

Wusstet Ihr, dass sich Super Mario Bros. 3 und The Legend of Zelda: Ocarina of Time nicht nur ein Musikstück, sondern auch einen Soundeffekt teilen?

Das Theme bzw. Musikstück der Feenquelle aus Ocarina of Time ist jenem Theme sehr ähnlich, das für die dritte Oberwelt im NES-Hüpfer Super Mario Bros. 3 verwendet wird.

Übrigens: sobald man in Super Mario Bros. 3 eine der versteckten magischen Flöten findet, die den Klempner schnell in höhere Level bringt, ertönt ein Ton, der ebenso im Intro von Ocarina of Time zu hören ist. Dieser Ton findet sogar in The Legend of Zelda: The Minish Cap bei der Ocarina of Wind Verwendung.

Zufall dürfte das nicht sein, war für die Soundtracks (außer The Minish Cap) doch Kōji Kondō verantwortlich.

1990er: Nintendo wollte 'Harry Potter'-Spiele entwickeln

In den Neunzigern wollte Nintendo 'Harry Potter'-Spiele entwickeln, wie Unseen64 vor längerer Zeit berichtete.

In insgesamt einer Woche erstellte das Team von „Nintendo ST" Konzepte und plante zu jedem Buch ein Spiel für den Game Boy, Nintendo 64 und den damals noch nicht erhältlichen GameCube zu entwickeln und sogar einen Quidditch-Ableger auf die Beine zu stellen.

Während diese Konzepte erstellt wurden, ruhte die Arbeit an den Titeln Ridge Racer 64, Bionic Commando und Crystalis. Wie die Spiele optisch aussehen sollten, darüber stritt man intern.

Während sich das Team am Look des britischen Covers des ersten Buches orientierte, wollten ranghöhere Mitarbeiter mehr in Richtung Manga gehen. Letztendlich konnten sich die Chefs durchsetzen und die Konzepte wurden überarbeitet.

Am Ende wurden die Konzepte abgelehnt und Autorin JK Rowling verkaufte die Rechte für die Entwicklung von Spielen, die sich am Ende Warner Bros. sichern konnte. Auch Disney und Universal waren daran interessiert.

1990er: Microsoft wollte SEGA und Nintendo für gemeinsame Konsole kaufen

Microsoft war vor vielen Jahren an dem Punkt angelangt, das japanische Traditionsunternehmen SEGA zu kaufen, um eine gemeinsame Konsole zu entwickeln. Der Grund: man wollte Sonys PlayStation die Stirn bieten.

Doch das Vorhaben scheiterte an Bill Gates, der daran zweifelte, dass SEGA wirklich genügend Potential besitzt, um gegen die PlayStation anzukommen. Also nahm Microsoft selbst den Mut zusammen und erschuf die Xbox, um gegen Sony anzutreten. Laut Microsoft-Manager Joachim Kempin gab es damals einige Gespräche, die aber eher ins Leere verliefen, da SEGA ein „spezieller Fall" gewesen sei.

Außerdem sagte er: *„Es ging ständig um Sony und Nintendo, richtig? Und Nintendo hatte damals einige finanzielle Probleme, und dann kam Sony mit der PlayStation und 'bang'! Sie hoben ab und jeder wurde zurückgelassen."*

Sogar über den Kauf von Nintendo dachte Microsoft nach. Bill Gates sagte einmal: *„Wenn (Mehrheitsaktionär) Hiroshi Yamauchi mich anruft, bekommt er mich sofort an die Strippe."* Gates hätte damals sofort ein Angebot abgegeben, wenn denn überhaupt eine Verkaufsbereitschaft bestanden hätte. Aber auch das funktionierte nicht.

1990er: Die Nintendo PlayStation

Einige von Euch kennen sicherlich den Fakt, dass Nintendo und Sony in den Neunzigern eine gemeinsame Konsole auf den Markt bringen wollten. Unter dem Codenamen PlayStation sollte ein SNES-Hybrid mit CD-ROM-Laufwerk entstehen.

Zwischen beiden Unternehmen gab es in der Zeit Streitigkeiten, nicht zuletzt, weil Nintendo plötzlich mit Phillips zusammenarbeitete. Und dann entschied sich Nintendo irgendwie doch gegen das Laufwerk. Damit vergraulte man Sony und es entstand daraus eine eigenständige Konsole, die in die Geschichte einging. So die Kurzfassung.

Geht man tiefer in die Materie, so entschied sich Nintendo anfangs gegen Sony, da die Japaner nicht so richtig mit den Vertragsklauseln einverstanden waren. Sony hätte damals die Lizenzrechte an den Spielen gehabt, die für die CD-Plattform entwickelt worden wären.

Nachdem das SEGA Mega-CD veröffentlicht wurde, arbeiteten Nintendo, Sony und Phillips wieder zusammen und wollten das SNES-Laufwerk herausbringen. Nintendo ließ aufgrund der Markt-Beobachtungen von dem Projekt ab und schielte Richtung N64 und 64-Bit.

Sony machte dann sein eigenes Ding, erschuf die PlayStation von Grund auf neu und brachte sie 1994 auf den Markt – nur 2 Jahre nach der Ankündigung des SNES-Laufwerks. Am Ende kann man nur mutmaßen, wie das Ganze genau abgelaufen ist.

1991: Sonics erster Auftritt war als Lufterfrischer in einem Rennspiel

Wer glaubt, SEGAs Kult-Igel Sonic tauchte das erste Mal in seinem eigenen Spiel Sonic the Hedgehog im Jahr 1991 auf, der irrt.

Sonic hatte seinen eigenen Auftritt in dem Rennspiel Rad Mobile, das 1991 als Arcade-Spiel und ein paar Jahre später auch für den SEGA Saturn als Gale Racer auf den Markt kam.

Doch Sonic flitzte nicht den Fahrzeugen auf der Rennstrecke davon, sondern musste als Lufterfrischer am Rückspiegel der Autos herhalten. Das war also der erste Auftritt von Sonic in einem Videospiel.

1991: Sonic der Verkehrspolizist

In der Regel verhält sich SEGAs blauer Igel Sonic völlig korrekt und setzt sich für das Gute ein. Mit dem 1991 veröffentlichten Arcade-Spiel Waku Waku Sonic Patrol Car ging SEGA sogar noch einen ganzen Schritt weiter und setzte der Kultfigur eine Polizeimütze auf.

In Waku Waku Sonic Patrol setzt sich Sonic hinter das Lenkrad eines Polizeiwagens und sorgt auf den Straßen für Ordnung. Hin und wieder begegnet er dem fiesen Doctor Ivo "Eggman" Robotnik und muss dem Verkehrsrowdy das Handwerk legen. Gespickt ist das Spiel mit reichlich Polizeisirenen und bekannter Musik.

1991: Marge Simpsons Hasenohren

Ok, das hat nur bedingt etwas mit Gaming zu tun, gehört aber dennoch in gewisser Weise in dieses Format. Warum, das erfahrt ihr im Laufe des Texts.

Simpsons-Schöpfer Matt Groening erschuf Marge Simpson bekanntlich mit blauen, sehr langen Haaren, die in Richtung Himmel ragen. Meist immer mit perfektem Halt. Als Erklärung für die langen Haare sollte Marge riesige Hasenohren unter ihrer Mähne verstecken.

Der Gag sollte in der „letzten Episode" von Die Simpsons enthüllt werden, wurde aber schon sehr früh wieder verworfen, da solche Hasenohren einfach zu widersprüchlich und selbst für das Simpsons-Universum zu fiktiv waren.

Und jetzt der Gaming-Twist: einen Blick auf die Hasenohren kann man tatsächlich werfen, nämlich im 1991 veröffentlichten Arcade-Spiel zu der gelben Kult-Familie.

1993: Zelda und das Kondom

Als Nintendo The Legend of Zelda: Link's Awakening für den Game Boy im Jahr 1993 veröffentlichte, war das Unternehmen noch etwas mutiger eingestellt. Denn in dem Spiel finden sich einige Andeutungen und schlüpfrige Sätze, die Nintendo heutzutage mit Sicherheit nicht mehr einbringen würde.

Während der Übersetzung erlaubte man sich einen Scherz und ließ einen bestimmten Gegnertyp unter anderem den Satz „Nie ohne Kondom!" sagen, wenn man ihn mit dem Zauberpulver der Hexe verzauberte.

Und nicht nur das, auch „Gib mir deinen Saft, ich geb' dir meinen", „Irgendwelche Sorgen, Nöte oder Probleme?" und „Stop the War! Give peace a chance!" konnte man ihnen entlocken. In der Version für den Game Boy Color wurden diese Sätze bereits zensiert.

Sogar ein Bikinioberteil muss in der Original-Fassung gefunden werden, was in der überarbeiteten Version gegen eine Perlenkette getauscht wurde. Entsprechend wurde auch der Text bezüglich der Rückgabe des Gegenstandes geändert. Beim Bikini konnte man etwa als Antwort „Lechz" auswählen. Also das starke Verlangen danach.

1994: Japaner will Spielstand nicht verlieren - SNES läuft noch bis heute

Weil ein Japaner seinen Spielstand des Spiels Umihara Kawase nicht verlieren will, läuft sein Super Nintendo (SNES) seit 1994 fast ohne Unterbrechung. Etwas, das in der heutigen Zeit kaum vorstellbar ist.

Denn Konsolen besitzen inzwischen einen eigenen Speicher, auf dem die Spielstände abgelegt werden. Sogar Cloud-Unterstützung gibt es in den meisten Fällen, wodurch man sich keine allzu großen Gedanken mehr um sein Savegame machen muss.

In den Neunzigern war das aber anders: die Spiele für das SNES verfügen in der Regel über eine Lithium-Ionen-Batterie, mit der der interne Speicher mit Strom versorgt wird und den Spielstand dauerhaft sichert. Nicht alle Spiele besitzen eine solche Batterie - zudem kann es passieren, dass nach längerer Nichtnutzung die Batterie ihren Geist aufgibt und der Spielstand verschwindet.

Nur einmal hat der Japaner nach eigenen Aussagen die Stromzufuhr des Spiels unterbrochen, als ein Umzug anstand. Die interne Batterie sorgte in der kurzen Zeit dafür, dass der Spielstand erhalten blieb.

RocketNews24 zitierte den Spieler in einem Interview von 2015: *„Ich bin mir sicher, dass die erste Generation von Umihara Kawase, die mehr als 20 Jahre in meinem SNES verbrachte, inzwischen mehr als 180.000 Stunden gelaufen ist. Wenn der Strom abgestellt wird, verliere ich wahrscheinlich meine gesamten Replay-Daten."*

1994: Super Mario und Sonic zusammen in einem 'Mega Drive'-Spiel

Super Mario und Sonic in einem Spiel ist heutzutage nichts Ungewöhnliches mehr – die einstigen Rivalen haben sich längst die Hände gereicht. In den Neunzigern war das unvorstellbar, zumal beide Charaktere jeweils nur auf den Plattformen ihrer Erschaffer durch die Levels hüpften.

Mario auf einem SEGA-System? Weder Nintendo noch SEGA hätten das damals zugelassen. Doch 2009 entdeckte die EMU-Community etwas Interessantes. Im 'Mega Drive'-Spiel Mega Turrican finden sich Mario und Sonic im ersten Level als Sprite-Dateien, die offenbar in den VRAM geladen werden. Im Spiel selbst sind die beiden Figuren nicht zu sehen.

Vermutlich handelt es sich bei Mega Turrican also um das erste lizenzierte Spiel, das Mario und Sonic zusammenbrachte, wenn auch nicht direkt auf dem Bildschirm. Auf den Markt kam es 1994.

1994: Michael Jackson komponierte den Soundtrack zu Sonic 3

Wusstet ihr, dass der 2009 verstorbene „King of Pop" Michael Jackson den Soundtrack zu SEGAs Jump & Run Sonic the Hedgehog 3 komponierte?

Der Komponist Brad Buxter sagte einmal in einem Interview: *„Ich habe das Spiel bis heute nie gespielt und kann daher auch nicht sagen, welche Musiktracks die Entwickler damals von uns benutzt haben. Ich kann aber bestätigen, dass Michael und ich die Musik für das Spiel komponierten. Michael fragte mich damals, ob ich ihm bei dem Projekt helfen könne, und das habe ich dann auch gemacht."*

Michael Jackson wollte nicht in den Credits des Spiels auftauchen, da er nicht mit einem Produkt in Verbindung gebracht werden wollte, das seine Musik abwertet. Denn auf den damaligen Konsolen konnte man schließlich keine optimale Soundausgabe erwarten, was ihn frustrierte.

Auch bestätigte Buxter, dass man in Sonic 3 Akkorde aus dem Song Stranger in Moscow hört, die ursprünglich für das Spiel geschrieben, später aber ebenso für das Lied verwendet wurden.

1994: Das unveröffentlichte Spiel von Battlefield-Entwickler DICE

Auf der Retro-Messe Datastorm 2010 stellte Battlefield-Entwickler DICE ein Projekt namens Hardcore vor, das Retro-Spielern das Wasser im Mund zusammenlaufen ließ. Dabei handelt es sich um einen Sidescroller im Stil von Turrican, der allerdings niemals veröffentlicht wurde. Entwickelt wurde Hardcore nämlich schon 1994 von DICE für das SEGA Mega Drive.

Damals hieß das Unternehmen noch Digital Illusions und produzierte den Titel für den damaligen Publisher Psygnosis. Da Psygnosis kurz vor der Pleite stand und der Fall des Mega Drives zu der Zeit im näher rückte, wurde das Projekt eingestellt. Kurios daran ist, dass Hardcore zu 99 Prozent fertiggestellt wurde. Es ist also voll spielbar und könnte jederzeit veröffentlicht werden.

Wie die beiden DICE-Mitbegründer Andreas Axelsson und Olof Gustafsson auf der Datastorm 2010 erklärten, wollte man die Rechte an Hardcore zurückerhalten, um es vielleicht doch noch veröffentlichen zu können. Tatsächlich wurde es 2018 für PS4 und Vita für das Jahr 2019 angekündigt, doch veröffentlicht wurde es nach wie vor nicht (Stand 2020).

1995: Die nackte Frau in Kirby's Dream Land 2

In der fluffigen Welt von Kirby's Dream Land 2 geht es nicht immer friedlich zu - und schon gar nicht völlig jugendfrei. Kaum zu glauben, aber in einem Level findet sich eine nackte Frau.

Und zwar geht es um den Level 5-5, in dem die japanischen Entwickler ziemlich eindeutig eine nackte Dame eingebaut haben, auf die man hinter einer versteckten Tür trifft. Die Frau ist nicht auf den ersten Blick erkennbar, da sie im Grunde sehr simpel gehalten ist.

Die Frau besteht nämlich aus einzelnen Blöcken, die sich Richtung Himmel erstrecken und an denen Kirby von unten nach oben vorbeiflattern muss. Ganz oben sind dann Augen und Mund aus gerade mal 7 Blöcken zu finden. Man muss also schon etwas Fantasie mitbringen oder die Google-Bildersuche bemühen. Leider darf an dieser Stelle kein derartiges Bild gezeigt werden.

Übrigens findet sich auch in Welt 4-1 von Super Mario World 2: Yoshi's Island ein Körper einer Frau in Fels-Form, was schon deutlich offensichtlicher ist. Sogar der „Schlüpfer" ist erkennbar.

1996: Diablo will nur Euer Bestes

Wenn man im finalen Kampf in Blizzards Hit Diablo höchstpersönlich von dem Höllenfürsten empfangen wird, dann eher in einer unverständlichen Sprache. Doch lässt man das Ganze rückwärtslaufen, so sagt Diablo: *„Eat your vegetables and brush after every meal!"*

Übersetzt bedeutet das in etwa, dass man sein Gemüse essen und die Zähne nach jeder Mahlzeit putzen sollte. So übel scheint Diablo also gar nicht zu sein.

Ok, ein paar Fakten gibt es noch oben drauf! Wusstet Ihr, dass Diablo ursprünglich gar kein Action-Rollenspiel, sondern ein rundenbasierter Titel werden sollte?

Und wusstet Ihr, dass im Grunde gar nicht direkt Blizzard für die Entwicklung von Diablo verantwortlich war, sondern einst das unabhängige Studio namens Condor? Das wurde von Blizzard einige Monate vor dem Erscheinen von Diablo aufgekauft, schließlich in Blizzard North umbenannt und 2005 geschlossen.

Zuvor arbeitete das Team an dem Street-Fighter-2-Klon Justice League Task Force für das SEGA Mega Drive.

Übrigens hatte Condor-Mitgründer Dave Brevik schon 1985 die Idee zu Diablo, auch wenn im Laufe der Zeit sich natürlich einiges änderte.

1996: Tomb Raider - Lara Crofts Brustumfang

Wie Fans der Tomb-Raider-Reihe sicherlich aufgefallen sein dürfte, nahm Lara Crofts Brustumfang im Laufe der Zeit etwas ab, um auch die weiblichen Spieler anzusprechen. Doch warum hatte Lara am Anfang solch überdimensionierte Brüste?

Geplant war das von den Entwicklern nicht, sondern die größeren Brüste kamen erst durch einen „Fehler" zustande. Designer Toby Gard wollte die Brüste am Charaktermodell um 50 Prozent vergrößern und stellte mit dem Mauszeiger „versehentlich" den Schieberegler auf 150 Prozent.

So richtig begeistert zeigte er sich nicht davon, wurde dann aber doch von seinem Team überredet, die Größe von 150 Prozent zu belassen. Am Ende war es „fehlender kreativer Freiraum", der den Schöpfer von Lara Croft dazu veranlasste, das Studio nach der Veröffentlichung des ersten Teils zu verlassen.

Wie er später in Interviews verriet, wollte er mit Lara Croft eine „sexy Figur" erschaffen. Allerdings nicht durch ihr Äußeres, sondern ihre Stärke sollte „sexy" wirken.

1997: Ein Bug rettete Grand Theft Auto vor dem Aus

Fast wäre die Entwicklung des ersten Grand Theft Auto aus dem Jahre 1997 eingestellt worden, hätte nicht ein Bug das Gegenteil bewirkt.

Einer der Gründe, warum die GTA-Reihe beinahe nie realisiert worden wäre, war die Stabilität des Spiels. Ursprünglich als Rennspiel unter dem Titel Race'n'Chase konzipiert, stürzte GTA während der Entwicklung ständig ab, wodurch die Entwickler weder richtige Tests durchführen noch irgendetwas ausprobieren konnten. Selbst die Steuerung war nicht gerade großartig und zeigte sich eher zickig.

Doch dann kam der erlösende Bug: ein Fehler sorgte dafür, dass die Polizei verrückt spielte und aggressiv wurde. Sie versuchte durch den Spieler zu fahren, da die Routenfindung nicht so richtig funktionierte.

Normalerweise sollte die Polizei alles andere als aggressiv reagieren und erst recht nicht den Spieler rammen — aber genau das kam bei den Spieletestern so gut an, dass das beibehalten und das Spiel quasi um die Verfolgungsjagden herum neu entwickelt wurde. Am Ende entstand ein fast komplett neues Spiel.

Heute ist Grand Theft Auto eine der erfolgreichsten, beliebtesten und einflussreichsten Spiele-Reihen.

Gary Penn vom ehemaligen Entwicklungsstudio DMA Design, das sich heute Rockstar North nennt, bestätigte vor einigen Jahren, dass der Bug definitiv dazu gereicht hätte, das Projekt einzustellen.

1998: Wario verträgt kein Bier

Marios Gegenspieler Wario verträgt kein Bier - vor allem nicht das westliche. In der japanischen Version von Wario Land 2 wird er von einigen Pinguin-Gegnern mit vollen Biergläsern beschmissen, woraufhin er anfängt zu torkeln, zu rülpsen und nur durch einen großen Schluck Wasser wieder zur Besinnung kommen kann.

Was in der japanischen Version also im Grunde nachzuvollziehen ist, verwunderte Spieler der westlichen Version. Die wurde nämlich so zensiert, dass aus dem Bier Bowlingkugeln wurden. Wird Wario von einer solchen getroffen, durchläuft er dennoch das volle Torkel-Programm.

Der Grund für die Änderung sind die Richtlinien von Nintendo of America. Was in Japan kein Problem darstellt, ist für den Westen teilweise ein Dorn im Auge.

1998: Gordon Freeman der Space Biker

Wie viele Spielehelden auch, sah ebenso Gordon Freeman aus Valves Half-Life-Reihe am Anfang der Entwicklung ganz anders aus und hörte auf einen anderen Namen.

Tatsächlich sollte der Spieleheld einst „Ivan the Space Biker" heißen, ein wenig korpulenter sein und einen längeren Bart tragen. Das Design dazu steuerte Chuck Jones bei, der neben Gordon Freeman ebenso den G-Man erschuf.

Man munkelt, dass „Ivan the Space Biker" dem deutschen Sänger Ivan Rebroff nachempfunden wurde. Die Datei für das anfängliche Modell ist in Half-Life zwar zu finden, jedoch lässt sich diese nicht öffnen, da sie eine frühe Version des .MDL-Formats verwendet. Für Half-Life: Source konnte sie aber entsprechend angepasst werden, wodurch sie einsehbar wurde.

Viel ist am Ende nicht übriggeblieben: einzig der Bart ging etwas zurück und für Gordon Freeman übernahm man auch die grünen Augen.

1998: Banjo-Kazooie: zu viele Cheats löschen Spielstand

Wer im Jump&Run-Klassiker Banjo Kazooie bestimmte Cheats zu häufig eingibt, steht vor einem leeren Spielstand. Cheats gibt es für das Spiel einige, die auch problemlos eingesetzt werden können.

Nutzt man jedoch dreimal Cheats in der Sandburg, die etwa Level freischalten oder auch Notentüren öffnen, dann wird der Spielstand gelöscht. Beim zweiten Mal noch wird man von Gruntilda Winkybunion gewarnt, beim dritten Mal wird man von Bottles gewarnt und muss noch einmal bestätigen, dass man den Cheat wirklich nutzen möchte.

Hat man dies bestätigt, so wird der Spielstand tatsächlich gelöscht. Auch wenn Gruntilda die Angst verbreitet, das komplette Spielmodul würde gelöscht werden, so ist es immerhin nur der aktive Spielstand, der gelöscht wird. Die anderen beiden Spielstände bleiben unangetastet.

1998: Warum das Dreamcast-Logo in Europa blau ist

Vergleicht man das internationale Logo von SEGAs 1998 (Japan) veröffentlichten Konsole Dreamcast mit dem europäischen, so fällt auf, dass es in der hiesigen Region eine ganz andere Farbe hat.

Während das Dreamcast-Logo in den USA und in Japan die Farbe Orange trägt, erstrahlt es in Europa in der Farbe Blau. Das hat keinen künstlerischen Hintergrund, sondern einen rechtlichen.

Der Grund ist der deutsche Verlag Tivola, dessen Logo - allen voran dessen Logo zur damaligen Zeit - stark an das orangene Dreamcast-Logo erinnert. Um also rechtliche Konflikte zu umgehen, änderte SEGA einfach die Farbe. Die Form des Logos hingegen blieb unangetastet.

Die Herstellung der Dreamcast wurde übrigens bereits 2001 wieder eingestellt und war SEGAs letzte Konsole. Seitdem veröffentlichte SEGA Spiele auch für andere Konsolen, darunter für Nintendo, was vorher nicht vorstellbar war.

1999: Das Ende von Pokémon / Pikachu war nicht erstes Taschenmonster

Als die beiden Pokémon Editionen Gold und Silber entwickelt wurden, plante man bei Nintendo damit gleichzeitig das Ende der Kult-Spielereihe ein. Tatsächlich sollten Gold und Silber die letzten Pokémon-Spiele werden.

Pokémon Companys CEO Tsunekazu Ishihara zufolge dachte man sich, dass wenn man das 21. Jahrhundert betrete, lieber etwas anderes machen wolle. Jedoch waren die Gold- und Silber-Editionen ein voller Erfolg und verkauften sich besser als Blau und Rot. Klar also, dass Nintendo da dann doch Pläne für eine rosige Pokémon-Zukunft schmiedete.

Inzwischen sind Pokémon-Spiele nicht mehr wegzudenken. Zählt man die verschiedenen Editionen, Ausführungen und Mini-Games nicht mit, so gibt es mehr als 80 Pokémon-Spiele – mit den Editionen und Co. würde die Liste schon fast explodieren.

Kleiner Bonushappen: Übrigens war nicht etwa Pikachu das erste Pokémon, das erschaffen wurde, sondern Rizeros. Es tauchte erstmals in den Konzeptgrafiken zu „Capsule Monsters" auf, das später zu Pokémon wurde. Das erklärt auch, warum man in einigen Pokémon-Spielen Statuen von Rizeros sieht.

1999: StarCraft war das erste PC-Spiel im Weltall, nach Tetris

Blizzards StarCraft war das erste PC-Spiel im Weltall. Damit ist allerdings nicht das Setting gemeint, sondern tatsächlich wurde das Strategiespiel Ende der Neunziger an Bord der STS-96 mitgeschickt.

Dort verbrachte es von Mai 1999 bis Juni 1999. Daniel T. Barry, eines der Crewmitglieder, war großer StarCraft-Fan. Ob er es allerdings an Bord gespielt hat, bleibt fraglich.

Das ins Weltall geschickte Spiel kann übrigens im Hauptquartier von Blizzard in Irvine bestaunt werden – hier ist es ausgestellt.

StarCraft kam, ebenso wie die Erweiterung StarCraft: Brood War, 1998 für den PC auf den Markt und erschien später auch als Umsetzung für das Nintendo 64 und Mac. 2017 wurde von Blizzard StarCraft Remastered veröffentlicht.

StarCraft war zwar das erste PC-Spiel im Weltall, nicht aber das erste Videospiel überhaupt. Denn das war 1993 tatsächlich Tetris und wurde vom russischen Kosmonauten Aleksandr A. Serebrov auf dem Flug mit der Soyuz TM-17 gespielt. Versteigert wurde das Spiel später für 1.220 US-Dollar.

1999: Ein Bug, der Nintendo ein Vermögen kostete

Nintendo verkaufte in den Neunzigern das sogenannte Expansion Pak für das N64, das dessen Arbeitsspeicher auf insgesamt 8 MB erweiterte. Der Vorteil für die Entwickler waren höhere Auflösungen und eine allgemein bessere Grafikqualität.

Bei den meisten Spielen ist das Expansion Pak völlig optional gewesen, doch einige wenige setzten es voraus, um überhaupt zu funktionieren: Donkey Kong 64 sowie The Legend of Zelda: Majora's Mask.

Im Falle von Donkey Kong 64 war aber nicht die technische Limitierung daran Schuld, weshalb dem Spiel die Erweiterung beilag, denn theoretisch hätte es sich auch ohne diese spielen lassen. Technisch jedenfalls wäre das kein Problem gewesen.

Vielmehr wollten die Macher damit einen Bug bzw. Fehler umgehen, der das Spiel zum Absturz brachte. Aus unerklärlichen Gründen tauchte dieser jedoch nur dann auf, wenn man das Spiel ohne die Erweiterung startete.

Niemand konnte die Ursache des Fehlers jemals herausfinden, weshalb man sich also dazu entschied, dem Spiel einfach ein Expansion Pak beizulegen und es zur Voraussetzung zu machen. Rare und Nintendo kostete das gleichzeitig ein Vermögen, das Spiel mit einer zusätzlichen Hardware kostenlos auszuliefern.

1999: Halo sollte ursprünglich exklusiv für Apples Mac erscheinen

Die Shooter-Reihe Halo gehört auf den Xbox-Plattformen zu den wichtigsten und erfolgreichsten Marken. Eine Xbox, Xbox 360 oder Xbox One ohne den Master Chief? Einfach undenkbar.

Doch ursprünglich sollte Halo gar nicht für die Xbox erscheinen, sondern exklusiv für Apples Mac herauskommen. Der verstorbene Apple-Gründer Steve Jobs stellte Halo auf der Apple Macworld Expo 1999 vor. Apple war sogar dabei, den Entwickler Bungie fast zu übernehmen, zumal das Studio damals Titel für den Mac entwickelte.

Doch dann kam Microsoft mit der Xbox an und suchte nach Spielen, die zum Launch auf den Markt kommen. Halo sorgte bei dem Konzern für Aufmerksamkeit. Man fragte auch bei Apple an, allerdings entschied sich Steve Jobs nicht schnell genug, wodurch Microsoft den Zuschlag erhielt und einen Deal ausmachen konnte.

Jobs zeigte sich aufgebracht, griff zum Telefon und rief den ehemaligen Microsoft-Chef Steve Ballmer an, um sich zu beschweren. Jedoch war es da schon zu spät.

2000ER

2000: PlayStation 2 ist ein Atari Falcon

Sonys Konsole PlayStation 2 ist ein Atari Falcon030 Computer System. Zwar nicht technisch, dafür aber optisch.

Atari brachte mit dem Falcon030 Ende 1992 einen Computer auf den Markt und stoppte den Verkauf ein Jahr später, während das Unternehmen eine Umstrukturierung durchlief. Es folgte die Überlegung, den Falcon030 in ein anderes Gehäuse zu stecken und Änderungen am Mainboard vorzunehmen – die Falcon 030 Microbox wurde geboren.

Später nutzte Sony das Design für die PlayStation 2 (mit Änderungen) – eine Anmerkung dazu findet sich auch im entsprechenden Patent des Konzerns.

Eine Besonderheit der Falcon 030 Microbox wurde von Sony damit ebenso übernommen: die Möglichkeit, das Gerät sowohl vertikal als auch horizontal aufzustellen.

2000: Mario Party, wunde Hände und eine Klage

Als der Muliplayer-Hit Mario Party für das N64 Ende der Neunziger auf den Markt kam, landete Nintendo nicht nur einen Hit, sondern es gab zunehmend klagende Eltern.

Was war passiert? Einige der Minispiele erfordern schnelle Kreis-Bewegungen mit dem Joystick, wobei das mit dem Daumen nicht immer gut gelingt. Also nutzten Spieler bzw. vor allem Kindern stattdessen ihre Handfläche und bekamen dadurch mit der Zeit Bläschen und wunde Hände. Klar, dass das in den USA eine Klage mit sich zog.

Manche Eltern klagten sogar über Schnitte, Hautverbrennungen und Tetanus. Der zuständige Generalanwalt betonte, es sei alarmierend, in welch kurzer Zeit derartige Wunden bei den Kindern entstehen. Nach nur 15 bis 20 Minuten hatte eines der Kinder angeblich eine Verbrennung zweiten Grades.

Am Ende bot Nintendo spezielle Handschuhe an, um Verletzungen an der Hand zu vermeiden, auch wenn der Konzern immer wieder verdeutlichte, dass man doch lieber die Finger verwenden sollte. Nintendo plante 80 Millionen Dollar für diese Aktion ein, um die Millionen Spieler zu versorgen. Wieviele Leute die Handschuhe anforderten und wieviel die Japaner zahlen mussten, bleibt unklar. Alleine die Gerichtskosten lagen bei 75.000 Dollar. Bekannt sind 90 klagende Eltern / Spieler.

2000: Deus Ex sagte 9/11-Anschlag voraus

Wenn man so möchte, sagte Ion Storms Kultspiel Deus Ex den Anschlag auf die Twin Tower des World Trade Center voraus, der sich am 11. September 2001 in New York ereignete.

Blickt man auf die Skyline von New York City in dem im Jahr 2000 erschienen Spiel, so sind die beiden Zwillingstürme nicht zu sehen. Und das war anfangs gar nicht so geplant, sondern die Türme mussten wegen Begrenzungen des Texturspeichers während der Entwicklung entfernt werden.

Erklärt wird das Fehlen der beiden Türme im Spiel damit, dass diese einem Anschlag durch Terroristen zum Opfer gefallen sind. Und nur ein Jahr nach der Veröffentlichung von Deus Ex gab es tatsächlich den großen Anschlag.

2000er: Duftende Spiele-CDs

Es gibt einige Videospiele, die das sogenannte „Scratch & Sniff" nutzen und Gerüche entwickeln bzw. nach einer bestimmten Thematik riechen, sobald man an der Oberfläche reibt.

Eines dieser Spiele ist FIFA 2001, von dem einige spezielle CDs gepresst wurden, die wiederum nach Rasen rochen. Ebenfalls bei Gran Turismo 2 gab es solche CDs, die den Duft von verbranntem Gummi und Treibstoff freilegten.

Leisure Suit Larry: Yacht nach Liebe! hingegen bot zwar keine duftende Disk, dafür aber eine Karte namens CyberSniff 2000, die neun verschiedene Düfte absonderte. Ebenfalls auf Karten setzte das SNES-Spiel EarthBound.

Einen Schritt weiter ging die Pizzakette Domino mit DVDs, die beim Abspielen tatsächlich Pizza-Duft entwickelte. Machbar ist dies durch eine spezielle Beschichtung, die erst dann den Duft freigibt, sobald sie erwärmt wird. Und das ist beim Abspielen in einem DVD-Player der Fall.

2000er: Das Geheimnis des Tekken-Schöpfers

Tekken-Schöpfer Katsuhiro Harada trug ein ganzes Jahrzehnt ein für ihn „großes Geheimnis" mit sich herum, das er in dieser Zeit nicht mit seinen Eltern teilte. Aus Angst davor, wie beide reagieren könnten. Er verbarg vor ihnen, dass er an Tekken arbeitete bzw. dafür verantwortlich war.

Beide Elternteile dienten laut Harada ihrem Land und waren öffentliche Bedienstete. Harada hat zwei ältere Schwestern und er ist der einzige männliche Nachwuchs in der Familie, so dass seine Eltern große Erwartungen in ihn steckten.

Sie wollten, dass er für eine Bank oder Handelsgesellschaft arbeitet – als "Salaryman" bzw. japanischer Büroangestellter. Doch einen Job in der Spielebranche zu haben, sei für seine Eltern unbegreiflich gewesen, da es zu ihrer Zeit damals etwas in dieser Richtung nicht gab. Sie hätten ihn also immer wieder gesagt, dass sie sich Sorgen um die Zukunft ihres Sohnes machen.

Tekken sei Harada zufolge einfach zu gewalthaltig für die strenge Familie gewesen. Er habe viel studiert, ernsthaft Sport getrieben und so weiter, weshalb er seinen Eltern sagte, er arbeite an dem Arcade-Spiel Prop Cycle. Ein Spiel mit körperlicher Betätigung. Später habe er an Taiko No Tatsujin gewerkelt.

Letztendlich flog das Geheimnis auf, als ein Magazin Tekken 5 behandelte – also 10 Jahre nach der Veröffentlichung des Originals: Harada war auf dem Cover zu sehen. Aber offenbar nahmen ihm das seine Eltern nicht krum.

2000er: Assassin's Creed war ursprünglich Prince of Persia

Bevor Assassin's Creed ein eigenständiges Spiel wurde, war es Teil der Prince-of-Persia'-Reihe. Damals überlegte sich Assassin's-Creed-Schöpfer Patrice Désilets mit einem sehr kleinen Team, wie es mit Prince of Persia auf den damals noch bevorstehenden Konsolen Xbox 360 und PS3 weitergehen soll.

Schließlich begannen die Arbeiten an einem Spin-off zu Prince of Persia: The Sands of Time, das sich Prince of Persia: Assassins nannte und in dem man einen jungen Prinzen beschützen sollte. Es wurde auch schon entsprechendes Gameplay entwickelt, doch das Projekt befand sich nur in einer Konzeptphase.

Es gab bereits die typische Assassinen-Kluft sowie die versteckte Klinge, Pferde zum Reiten und Templer - sogar einen Mehrspieler-Part wollte man hinzufügen. Als Désilets das Konzept Ubisoft vorlegte, wurde es abgelehnt, da es sich nicht wirklich um den „Prince of Persia" drehte, sondern um dessen Bodyguards. Und auch der Rest passte nicht so richtig zum Konzept der Reihe. Und daraus wurde im Grunde Assassin's Creed.

2000er: Samsungs 'Jump Boy' stibitzt von Sonic 2

Wer eines der älteren Samsung-Handys (etwa T301G) besitzt, erinnert sich sicherlich noch an das vorinstallierte Spiel Jump Boy. Dabei handelt es sich um einen Plattformer, mit dem man auf Plattformen bzw. Doppeldecker springen muss.

Jump Boy ist nicht sonderlich abwechslungsreich und auch keines dieser Spiele aus der vorherigen Handy-Generation, die lange im Gedächtnis geblieben sind.

Dennoch sorgte Jump Boy für Aufsehen, zumindest bei Spielern, die Sonic the Hedgehog 2 gespielt haben. Denn die Hintergrundmusik aus Jump Boy ist genau jene, die in Sonic The Hedgehog 2 in der sogenannten Chemical Plant Zone verwendet wird. Ups...

2000er: Nintendos City Boy

Im Laufe der Entwicklungsphase durchlief Nintendos DS-Handheld mehrere Namensänderungen. Wie Satoru Iwata einmal anmerkte, arbeitete man anfangs an einem Next-Gen-Gerät namens Iris, das in die Fußstapfen des Game Boys treten sollte.

Daraus entstand wiederum ein Gerät mit zwei Bildschirmen, das Nintendo Nitro nannte - der Nintendo DS wurde damit quasi geboren. Mit Iris wurde laut Iwata eher der Grundstein gelegt. Schaut man sich die Produktnummern auf der DS-Hardware- und Software an, so wird der Name Nitro am Anfang durch „NTR" angedeutet.

Für den DS hatte Nintendo ursprünglich offenbar sogar einen anderen Namen im Sinn: City Boy. Das Unternehmen sicherte sich 2004 dazu die Markenrechte, da man dachte, mit diesem Namen an den Erfolg des Game Boys anknüpfen zu können und hervorzuheben, dass man das Gerät überall mit hinnehmen könne.

Letztendlich setzte Nintendo dann doch auf „DS", was übersetzt "Dual Screen" bedeutet. 2004 bezeichnete der Konzern das Gerät auch als „Developers' System", da es in der Entwicklung einfach sein sollte. Der Name „DS" wurde beibehalten, da das System nach der Vorstellung unter dieser Bezeichnung für immer mehr Diskussionen sorgte und so auch entsprechend bekannter wurde.

Für den Fall, dass der DS kein Erfolg werden würde, hatte Nintendo noch eine Art Back-Up-Handheld im Gepäck, um die Game-Boy-Reihe fortzuführen. City Boy wäre dann der Name des Geräts geworden.

2000er: Battlefield 1942 sollte Exklusivspiel für Nintendos GameCube werden

Der Multiplayer-Shooter Battlefield 1942, der das Genre mit großangelegten Fahrzeugschlachten prägte, sollte ursprünglich exklusiv für Nintendos GameCube herauskommen.

Entwickler DICE bot dem Konzern das Spiel an - doch wie man heute weiß, kam nie ein Deal zustande. Denn das Problem: Battlefield 1942 ist ein Multiplayer-Spiel, während der GameCube bzw. Nintendo zu der damaligen Zeit einfach nicht über eine Online-Strategie verfügte, auch wenn die Japaner von der ursprünglichen Idee begeistert waren.

Zu dem Zeitpunkt hatte DICE auch mit anderen Unternehmen Kontakt, darunter Electronic Arts, wo das Spiel letztendlich landete und für den PC veröffentlicht wurde.

Was wäre die Battlefield-Reihe wohl heute, wenn das Spiel damals exklusiv für den GameCube herausgekommen wäre? Technisch wäre das vermutlich machbar gewesen, zumal für die Konsole ein Internet-Adapter veröffentlicht wurde und es auch ein paar Online-Games gab, beispielsweise Phantasy Star Online Episode I & II.

2000er: Von fliegenden Feen zu Left 4 Dead

Der Shooter Left 4 Dead entstand aus einem Spiel mit fliegenden Feen. Klingt unglaublich, ist laut Valves Doug Lombardi aber tatsächlich so gewesen. Demnach gab es bezüglich der Entwicklung von Left 4 Dead einige Fehlstarts - einer davon war das besagte Spiel mit Feen.

Valve-Chef Gabe Newell sagte dazu vor einiger Zeit: *„Wie konnten wir bloß ein solch schlechtes Spiel entwickeln? Und wie sollten wir so ein Spiel machen? Und wir sagten uns, dass wir uns lieber auf die Sachen konzentrieren sollten, die wir auch wirklich gut können. Also, warum haben wir dieses Spiel gemacht, das eine Art... es war nicht wirklich ein Rollenspiel... es war mehr diese Art von Action-Fantasy-RPG ohne Story."*

„Und dann sagten wir: 'Ok, das ist einfach nur schrecklich falsch. Auf was wir uns konzentrierten sollten, ist die künstliche Intelligenz und der Koop-Modus; und das ist die interessante Gelegenheit.' Daraus wurde Left 4 Dead geboren", so Newell weiter.

2000er: Devil May Cry war ursprünglich Resident Evil

Unnützes Gaming-Wissen, das unter den Fans zwar bekannt ist, mit dem man auf der nächsten Gaming-Party aber glänzen kann: Devil May Cry war ursprünglich Resident Evil.

Capcom wollte zum damaligen Zeitpunkt einen vierten Teil zu Resident Evil entwickeln, stellte jedoch im Laufe der Entwicklung fest, dass das Spielkonzept deutlich vom originalen abweicht. Hinzu kam, dass das aus Devil May Cry bekannte 'Juggle'-Movement ein Glitch war, der am Ende dann doch fest in das Spiel integriert wurde.

Mit Resident Evil hatte der Titel also nicht mehr viel gemeinsam, so dass sich Capcom für eine neue und eigenständige Marke entschied. Und die hatte großen Erfolg: insgesamt fünf Teile gibt es inzwischen, der letzte erschien 2013 und stellt eine Neuauflage dar. Mit 2015 kam dann noch eine Definitive Edition heraus und 2019 / 2020 folgten Umsetzungen für die Switch.

2000er: Red Ring of Death kostete Microsoft über 1 Milliarde US-Dollar

Es ist einer der größten technischen Probleme in der Konsolen-Geschichte: der sogenannte Red Ring of Death. Als die Xbox 360 2005 auf den Markt kam, wurde in den nächsten Jahren eine Welle von defekten Konsolen losgetreten, die einfach nicht mehr funktionierten und deren LED-Ring rot aufleuchtete.

Stolze 23,7 Prozent aller verkauften Konsolen hatten dieses Problem, wobei Microsoft die Hardware in der Garantiezeit kostenlos reparierte. Sogar von Ausfallquoten zwischen 50 – 60 Prozent wurde in der Presse berichtet, was allerdings nur Microsoft genau weiß. Am Ende kostete der Fehler dem Unternehmen 1,15 Milliarden US-Dollar.

Laut ehemaligem Corporate Vice-President Peter Moore wusste Micosoft anfangs nicht, was da genau passiert: *„Wir sahen immer mehr Ausfallquoten und erhielten Berichte vom Kundenservice. Es war etwas, das wir nicht wirklich nachvollziehen konnten. Wir wussten, dass wir ein Problem haben."*

Moore zufolge dauerte es etwas, bis die Techniker dem Problem auf die Schliche kamen. Man wusste aber, dass es etwas mit Hitze zu tun hatte. Letztendlich überhitzen betroffene Konsolen so stark, dass der Hauptprozessor streikt, weil sich das Mainboard verbiegt und sich dadurch die Verbindung zu den Chip-Lötstellen löst.

Auch wenn der damalige Chef Steve Ballmer das nicht sonderlich gut aufnahm, so sagte Moore zu ihm, dass wenn Microsoft kein aufwendiges Reparatur-Programm fahre, die Xbox-Marke tot wäre. Dieses Argument reichte für ihn.

2000er: Warum SEGAs Dreamcast scheiterte

Häufig hört man im Falle des Scheiterns der Dreamcast den Satz: *„Sie war einfach ihrer Zeit voraus."* Dass da aber ganz andere Faktoren eine Rolle gespielt haben, machte SEGAs Tadashi Takezaki deutlich.

Auf den Markt kam die Dreamcast 1998 und scheiterte vor allem wegen der hohen Kosten, die SEGA zu verbuchen hatte. Jede Dreamcast kostete SEGA Geld. Sony gehörte zur damaligen Zeit einem Team an, das den DVD-Standard entwickelte und somit eben ein eigenes System basierend darauf mitsamt eigenen Chips erschaffen konnte.

SEGA hingegen musste die Technik von externen Unternehmen einkaufen, weshalb die Kosten förmlich explodierten und an eine Preissenkung der Konsole erst gar nicht zu denken war. Und dann waren da natürlich noch die enttäuschenden Verkaufszahlen der Software - SEGA befand sich damit in einer Zwickmühle.

Dennoch musste SEGA den Preis der Konsole nach unten korrigieren, wodurch immer mehr Verluste eingefahren wurden. Dann versuchte man durch die Software-Verkäufe diese Verluste einzudämmen, doch die Spiele verkauften sich weiterhin nicht gerade rosig.

Parallel dazu hatte SEGA noch die Online-Funktionalität am Laufen, was zusätzliche Ressourcen kostete. Letztendlich kam all das zusammen, die Kosten wurden immer höher und SEGA musste sich vom Dreamcast-Geschäft verabschieden.

2001 & 2005: Gruselig - ein Spiel, das Euren Namen kennt

Peter Molyneux und dessen Götter-Simulationen Black & White sowie Black & White 2 haben einige interessante Elemente zu bieten. Und eines davon ist gruselig, wenn man nicht weiß, dass es ein Feature der beiden Spiele ist.

Als Black & White im April 2001 und Black & White 2 im Oktober 2005 für den PC auf den Markt kamen, sorgten sie für allerlei verwirrte Spieler. Schaut man sich im Internet ein wenig um, so entdeckt man noch damalige Foren-Threads, in denen sich Spieler die Frage stellten, ob sie verrückt sind oder das jeweilige Spiel dafür verantwortlich ist.

Denn irgendwann fängt Black & White / Black & White 2 damit an, den Namen des Spielers zu flüstern. Das tritt völlig zufällig auf und überrascht in Momenten, in denen man noch nicht einmal daran denken mag.

Aber nicht bei allen Spielern tauchte die mysteriöse Flüsterstimme aus den Lautsprechern auf, denn nur wer einen „herkömmlichen Namen" besitzt bzw. diesen als Spielprofil nutzt, wird diesen auch in dem Spiel hören. Ich weiß noch, als ich meinen Namen damals das erste Mal hörte... einfach unvergesslich.

2001: Ein GameCube-Spiel, das auch auf Windows-Computern läuft

Normalerweise laufen GameCube-Spiele nur auf Nintendos Konsole, so wie es auch bei allen anderen Systemen des Konzerns der Fall ist – sieht man mal von Emulatoren ab.

Doch ein Spiel ist die Ausnahme: Pikmin. Das läuft nicht nur auf dem GameCube, sondern mit Einschränkungen sogar auf einem Windows-PC. Denn die ISO des Spiels besitzt tatsächlich unter Windows ausführbare Dateien, die mit ein klein wenig Arbeit funktionieren.

Damit das geht, müssen ein paar kleinere Modifikationen an den Dateien vorgenommen werden, was insgesamt gesehen aber keinen großen Aufwand darstellt. So muss etwa eine bestimmte DLL-Datei im gleichen Ordner wie die sysBootup.exe vorhanden sein, während man einen neuen Ordner erstellt und auch eine Verknüpfung anlegt.

Letztendlich sollte man Pikmin dennoch auf dem GameCube spielen, ist der Titel auf dem PC doch völlig unspielbar.

2002: The Witcher startete als Top-Down-Rollenspiel

Das erste The Witcher war anfangs kein Third-Person-Rollenspiel, wie man es heute von der Reihe kennt. Bevor es 2007 veröffentlicht wurde, war es im Jahr 2002 als erster Prototyp ein Top-Down-Rollenspiel. Also in etwa so wie Baldur's Gate und Co., was übrigens eine Inspiration für das Spiel darstellte.

Das verriet der ehemalige Projektleiter Ryszard Chojnowski in einem Video und zeigte dort sogar bewegtes Bildmaterial.

Entwickler CD Projekt versuchte das Spiel in dieser Form an verschiedene Publisher heranzutragen, wobei Hexer Geralt gar nicht als Hauptcharakter geplant war. Später wurde das Projekt eingestellt und die Arbeiten an The Witcher starteten komplett von vorne.

Bonus-Fakt: Der ehemalige US-Präsident Barack Obama besitzt die Collector's Edition von The Witcher 2 - vielleicht sogar die wertvollste.

Denn nachdem das Spiel 2011 auf den Markt kam und Obama zum Abschluss seiner Europareise Polen besuchte, überreichte ihm der damalige Ministerpräsident Donald Tusk die Collector's Edition. Als besonderes Schmankerl trägt diese noch die Unterschriften des Entwickler-Teams von CD Projekt Red.

Obama lobte später The Witcher, machte gleichzeitig aber auch deutlich, dass er in Videospielen nicht besonders gut sei. Letztendlich klang seine Aussage nicht danach, als hätte er das Spiel jemals angerührt.

2003: Der-Half-Life-2-Hacker, den Valve mit einem Job ködern wollte

2003 verschaffte sich der deutsche Hacker Axel Gembe Zugriff auf die Server von Entwickler Valve und stibitzte den Quellcode von Half-Life 2. Der damals entstandene finanzielle Schaden wurde mit 250 Millionen US-Dollar beziffert.

Später zeigte er Reue und erklärte, sich einfach nur auf das Spiel gefreut und sich Informationen beschafft zu haben. Er wollte seinem „Lieblingsentwickler" damals nicht schaden.

Doch dass Gembe überhaupt geschnappt wurde, ist kein Zufall. Damals schrieb er Valve-Chef Gabe Newell eine E-Mail und gestand seine Tat. Daraufhin stellte Newell ihm eine Falle und lud ihn unter dem Vorwand eines Jobangebotes in sein Büro ein - in Wirklichkeit sollte das FBI ihn verhaften. Allerdings war die deutsche Polizei am Ende schneller und verhaftete Gembe vor seiner Ausreise in die USA.

Da er sich kooperativ zeigte, sich zuvor nichts zu Schulden kommen lassen hat und auch selbst nicht das unfertige Spiel im Internet veröffentlichte, kam er mit einer zweijährigen Bewährungsstrafe davon.

Dennoch schaffte es Half-Life 2 damals ins Netz und war nur teilweise spielbar bzw. konnten Demolevels gezockt werden.

2004: Half-Life 2 und die furchterregenden Schreie

Wer Half-Life 2 gespielt hat, erinnert sich sicherlich an die furchterregenden Schreie der von Headcrabs umschlungenen Zombies. Die Schreie lassen sich nicht so richtig deuten - zumindest auf den ersten Blick.

Spielt man die Schreie nämlich rückwärts ab, so hört man Dinge wie „Oh, God help! Help me!" und „Get it off me!" Sofern man einen Zombie anzündet, schreit dieser Dinge wie „Why, why, why!?", „Help, God... help! Help me!", „Gaaah!", „Gaaaah, I'm on fire! Gaaaaah!", „My life's fading!", „My eyes sting! Gaaah!" und „Put it out!".

Vermutlich wollte Valve die verständlichen Schreie ursprünglich verwenden, fand es am Ende aber zu verstörend und entschied sich, diese einfach verkehrt herum wiederzugeben.

2006: PlayStation-Prozessor auf dem Weg zum Pluto

2006 machte sich der PlayStation-Prozessor bzw. die Architektur MIPS R3000 auf den Weg zum Zwergplaneten Pluto. Die Sonde New Horizons, in der der Prozessor werkelt, erforschte im Laufe der Zeit den Kuipergürtel.

Zielsetzung für das Erreichen von Pluto war der 14. Juli 2015, wobei am Ende alles geklappt hat und die Sonde damals erfolgreich daran vorbeigeflogen ist.

Das Projekt kostete 720 Millionen US-Dollar. Warum also einen PlayStation-Prozessor einbauen? Ganz einfach: da bei der Distanz von 5 Milliarden Kilometern nichts schief gehen darf, setzte die NASA auf bewährte Technik.

Natürlich wurde der MIPS R3000 ein wenig bearbeitet, damit er der Strahlung im Weltraum standhalten kann. Prinzipiell aber soll es der gleiche Prozessor bzw. Architektur sein, der in der ersten PlayStation zum Einsatz kommt.

Mit einer Taktung von 12 Megahertz hat der Chip einiges zu tun: er steuert die Sendevorgänge von Bildern und Daten an die Erde, verarbeitet die Daten sämtlicher Instrumente und behält auch den Kurs der Sonde bei. Die PlayStation hingegen rechnet mit 34 Megahertz sogar noch schneller.

2007: Assassin's Creed: warum Altaïr nicht schwimmen kann

Protagonist Altaïr kann im ersten Assassin's Creed nicht schwimmen. Und das, obwohl er problemlos an Wänden hochklettern, sich gegen zahlreiche Gegner durchsetzen und auch alle anderen Dinge perfekt kann, die eine Assassine können muss.

In den darauffolgenden Spielen der Reihe kann die Spielfigur schwimmen. Doch warum kann das Altaïr im ersten Teil nicht? Geklärt wird das im Handbuch des zweiten Teils: es soll sich um einen Bug im Animus handeln.

Demnach liegt dies also nicht an der nicht vorhandenen Fähigkeit Altaïrs, sondern an dem Bug, der generell die Benutzer eines Animus vom Schwimmen abhält. Dadurch stirbt der Protagonist, sobald er mit Wasser in Berührung kommt.

Inzwischen unvorstellbar, gehört das Wasser für Assassinen doch zu einem wichtigen Element. Einerseits natürlich etwa in Black Flag, das sich auf Wasserschlachten stützt. Und andererseits können sich die Assassinen im Wasser verstecken und einen Gegner etwa an einem Vorsprung nach unten ziehen.

2007: Assassin's Creed – Entwickler mussten 5 Tage vor Release noch Inhalte hinzufügen

Der ehemalige Entwickler Charles Randall enthüllte 2020 via Twitter, dass die Macher von Assassin's Creed 5 Tage vor der Veröffentlichung noch Inhalte hinzufügen mussten – und das frei von Fehlern.

Auslöser dafür war der Sohn des Geschäftsführers, der vorab das Spiel testen konnte: *„Wir waren also bereit dieses Spiel zu veröffentlichen, die erste Einreichung verlief sehr gut, doch dann... die Nachricht... der Sohn des Chefs spielte das Spiel und sagte, dass es langweilig wäre und man nichts im Spiel machen könne."*

Weiter schrieb Randall: *„Ach ja, ich vergas den wichtigsten Teil. Wir mussten all diese Nebenmissionen innerhalb von fünf Tagen in das Spiel integrieren. Sie sollten fehlerfrei sein, da alles direkt auf den Datenträger kopiert und an den Handel ausgeliefert wurde."*

Ganz im Detail kann er sich zwar nicht mehr erinnern, doch ein großer Fehler hatte sich dann doch eingeschlichen. In einer Nebenmission konnte es passieren, dass einer der Templer durch die Welt fiel und einfach so verschwand. Dadurch wurde dann ein Kill nicht gezählt und Punktejäger mussten unter Umständen ganz von vorn beginnen.

2007: Halo 2 und der nackte Hintern eines Bungie-Mitarbeiters

Im Jahr 2007 wurde die Windows-Vista-Version von Halo 2 wegen eines nackten Hinterns verschoben. Der Grund war eine Fehler-Meldung inklusive Bild eines Bungie-Mitarbeiters, was zusammen im sogenannten Map Editor im Zusammenhang mit einer .ass-Datei angezeigt werden sollte.

Microsoft war darüber nicht glücklich und ließ Halo 2 verschieben, um wiederum die Spielepackungen mit einer neuen ESRB-Rating-Grafik zu versehen, die dem Spiel einen gewissen Grad an Nacktheit bescheinigte - nur wegen diesem Bild.

Gedacht war diese Fehlermeldung mit Bild ursprünglich als Gag innerhalb von Bungie. Damals stattete der ehemalige Microsoft-Chef Steve Ballmer dem Entwickler einen Besuch ab und einer der Mitarbeiter wollte den perfekten Zeitpunkt abwarten, ihm heimlich seinen nackten Hintern entgegenzustrecken. Jemand hielt eine Kamera in der Hand, um diesen Moment aufzunehmen. Ballmer soll davon nichts mitbekommen haben.

Das Foto drehte natürlich bei Bungie seine Runden und wurde auch ausgedruckt. Und da bei Bungie das .ass-Format verwendet wurde, schaffte es das Bild irgendwie mit in eine Fehlermeldung. Nachdem es aufgedeckt wurde, gab es schließlich zahlreiche Meetings diesbezüglich. Bei Bungie wurde niemand gefeuert, bei Microsoft soll das aber wohl der Fall gewesen sein. Angeblich entstanden dadurch Kosten in Höhe einer halben Million.

2007: Pokémon Registeel und der „Hitlergruß"

Die europäische nicht-englischsprachige Version von Pokémon: Diamant Edition und Perl Edition kam zensiert auf den Markt. Der Grund ist ein Sprite bzw. eine Grafik des Pokémon Registeel, dessen linker Arm nach vorne ausgestreckt in die Höhe geht.

Aufgrund der Ähnlichkeit zum sogenannten „Hitlergruß" wurde dieses Sprite gegen eine entschärfte Version getauscht. In Pokémon: Platinum Edition ist das Original-Sprite mit dem ausgestreckten Arm in allen Regionen gar nicht erst zu finden.

Übrigens boten die beiden Editionen damals etwas Neues innerhalb der Reihe: Nintendos Wi-Fi Connection. Durch diese konnten Spieler weltweit nicht nur ihre Pokémon miteinander tauschen, sondern auch gegeneinander kämpfen.

2007: God of War 2 und die geköpfte Ziege

Es gibt PR-Stunts, die bleiben auch nach Jahrzehnten noch in Erinnerung. Einer davon ist jener zu God of War 2, den sich Sony leistete und sogar Tierschützer auf den Plan rief.

Im Rahmen einer Werbeveranstaltung wurde eine geköpfte Ziege als barbarische Dekoration verwendet – keine aus Plüsch oder Plastik, sondern eine echte aus Fleisch und Blut.

Journalisten waren vor Ort und dokumentierten das mit Wort und Bild, auch ein Bericht im offiziellen PlayStation Magazin war zu lesen. Am Ende ließ Sony zehntausende Ausgaben zurückrufen und beschwerte sich über Falschaussagen in diversen Berichten.

Demnach sei die Ziege nicht extra für diese Werbeaktion getötet worden, so wie es einige Berichte meinten, sondern man habe diese sich bei einem Metzger geliehen und anschließend wieder zurückgebracht. Trotzdem kündigte man Untersuchungen an und gab zu, dass diese Aktion geschmacklos gewesen sei.

2007: Limbo of the Lost: das wahrscheinlich dreisteste Spiel

Limbo of the Lost ist ein Spiel, das ganz dreist von anderen Spielen klaut. Ursprünglich wurde es bereits in den Neunzigern von den Majestic Studios entwickelt, kam am Ende aber nach einer Neuentwicklung erst 2007 auf den Markt.

Tatsächlich bedient es sich von zahlreichen anderen Spielen, unter anderem nutzt es fremde Grafiken und sogar Levelabschnitte. Alle Spiele aufzuzählen, von denen Limbo of the Lost stibitzt, würde wohl den Rahmen sprengen.

Anbei aber ein paar Beispiele: Diablo 2, Thief, The Elder Scrolls Oblivion und Morrowind, Silent Hill 4, Unreal Tournament 2003 und 2004, Vampire: The Masquerade - Bloodlines, Enclave und mehr.

Nachdem der Diebstahl entdeckt wurde, wurde das Spiel aus dem Verkauf genommen.

Bei Limbo of the Lost handelt es sich um ein Point-&-Click-Adventure, das einst als Text-Adventure für den Atari ST und Amiga 500 veröffentlicht werden sollte. Da die Nachfrage nach beiden Plattformen aber zurückging, wurde das Ganze nach hinten verschoben und für den PC neu entwickelt.

2008: Bombige Erpressung der Bomberman-Macher

Hudson Soft, die Macher hinter der kultigen Bomberman-Reihe, hätten selbst Opfer einer Bombe werden können.

Im Jahr 2008 wurde das Studio von einem damals 29-jährigen Mann über mehrere Monate terrorisiert, der mit Bombendrohungen 80 Billionen Yen forderte. Sollte Hudson Soft dem nicht nachkommen, so würde er den Firmensitz in die Luft jagen.

Glücklicherweise wurde der Mann später von der Polizei gestellt und festgenommen. Das Geld sollte Hudson übrigens in eine U-Bahn-Station bringen, von der aus der Mann das wertvolle Paket dann entgegengenommen hätte. Fast wie in einem Hollywood-Film.

Sollte Euch Bomberman nichts sagen: in den Spielen geht es um das richtige Platzieren von Bomben, um Feinde auszuschalten. Dabei spielt man meistens in labyrinthartigen Levels, wobei die meisten Elemente durch die Bomben zerstörbar sind. Besonders im Multiplayer ist die Reihe äußerst beliebt, allerdings hat auch der Singleplayer seine Fans, etwa jener in Bomberman 64. Mit verschiedenen Items lassen sich Bomben und die eigene Figur verbessern.

2008: Ubisoft benutzt illegalen Crack für eigenen Patch

Wer sich damals bei Direct 2 Drive das Spiel Rainbow Six Vegas 2 gekauft hatte und den Patch 1.03 installierte, bekam Probleme die Software zu starten.

Einige User schlugen anderen Spielern deshalb im offiziellen Ubisoft Forum die Benutzung eines bestimmten NoCD-Cracks der Gruppe Reloaded vor, der das Problem beheben sollte. Die originale .exe-Datei tauscht man mit einem NoCD-Crack aus und kann das jeweilige Spiel in der Regel ohne Datenträger und Co. Spielen.

Nach kurzer Zeit veröffentlichte dann Ubisoft auch einen Nachfolge-Patch, der das ursprüngliche Problem in Luft auflöste. Da einige findige Fans herausfinden wollten, wie Ubisoft die Sache gelöst hatte, durchforsteten sie den Patch mit einem HEX-Editor. Wie es der Zufall so wollte, entdeckten sie darin den Eintrag der Gruppe Reloaded.

Ubisoft bzw. die Entwickler nahmen also tatsächlich den NoCD-Crack oder Teile von diesem her und fügten sie dem Spiel hinzu. Nachdem das aufflog, wurde die Datei von der Webseite genommen und Ubisoft versprach eine Untersuchung des Ganzen.

Gleichzeitig betonte das Unternehmen, derartige Praktiken und Anti-Kopierschutzmaßnahmen nicht zu unterstützen, zumal dies gegen die eigenen Nutzungsbedingungen verstoßen würde.

2008: Richard Garriott wollte im Weltall MMO zocken, NASA hatte Angst vor Hackern

Richard Garriott, einer der bekanntesten Spiele-Designer, flog 2008 als insgesamt sechster Weltraumtourist in das Weltall. Wie man von einem Spiele-Pionier erwarten kann, ging er auf der Raumstation ISS seinem liebsten Hobby nach. Zumindest versuchte er das. Wie er in einem Interview mit Kotaku einmal verriet, wollte er das MMO Tabula Rasa vom Weltraum aus spielen, da die Astronauten auf das Internet zugreifen dürfen.

„Ich wollte Tabula Rasa mit in den Weltraum nehmen. Auf der Raumstation gibt es Internet. Wir wollten tatsächlich versuchen, es vom Weltall aus zu spielen. Allerdings stellte sich dann heraus, obwohl man ein IP (Internet Protocol) hätte verwenden können, sie [die NASA] besorgt darüber waren, dass die Verbindung von jemanden umgekehrt werden könnte, um an der ISS Schaden anzurichten", wird er zitiert.

Die NASA hatte also wirklich Angst, dass sich ein Hacker in das System durch eine Sicherheitslücke in Tabula Rasa einschleusen könnte, um mit der ISS Schindluder zu treiben. Aber auch ein iPhone oder gar ein iPod würde die NASA laut Garriott nicht erlauben: *„Wie sich herausstellte, ist es problematisch, ein iPhone oder iPod mit in das All zu nehmen. Sie möchten, dass man die Batterie herausnimmt und solche blöden Sachen."*

Letztendlich kostet es aber viel Geld, wenn man ein solches Gerät mit ins All nehmen möchte, da es erst von der NASA untersucht werden müsste.

2008: EA bringt Verkehr in London zum Stehen

Manche Werbeaktionen sind so kurios, dass sie in die Videospiel-Geschichte eingehen. Der Branchen-Gigant EA stellte mit einer Promotion zu Mercenaries 2: World in Flames ganz London auf den Kopf.

EA wollte Sprit in einem Gesamtwert von 20.000 Britischen Pfund verschenken, doch die Aktion lief schon nach wenigen Minuten aus allen Rudern. Denn tausende von Autos bildeten mehrere Schlangen, die einen großen Stau verursachten. Dahinter steckte angeblich Absicht, um ein Verkehrschaos hervorzurufen.

Die Aktion galt also als geglückt - anderer Meinung war hingegen Lynne Featherstone, Abgeordnete für Hornsey und Wood Green. Laut Featherstone sei der Versuch, venezuelanische Benzin-Aufstände in den Straßen von London nachzustellen, unverantwortlich und gefährlich.

2009: Nintendo DS war in japanischen Grundschulen Pflicht

Im Jahr 2009 war es an einigen japanischen Grundschulen Pflicht, einen Nintendo DS zu besitzen. Denn die Schüler sollten durch Software den Lernstoff besser in ihr Gedächtnis bringen können.

Das Bildungssystem lässt die Schulen selbst entscheiden, welche Lern-Werkzeuge am besten für sie passen. Neu sind technische Geräte während des Unterrichts zwar nicht; und auch damals war der DS bereits an Schulen im Einsatz. Dass aber ein Nintendo DS direkt zur Pflicht gemacht wurde, war damals schon neu.

Dass derartige Geräte nicht zum Spielen verwendet werden, sollte die Durchsetzung einer entsprechenden Regel gewährleisten. Zudem wurden die Geräte nach dem Unterricht meistens wieder durch den Lehrer eingesammelt.

Ob die Schulen von damals auch heute noch den Nintendo DS einsetzen bzw. zur Pflicht machen, bleibt fraglich. Zum damaligen Zeitpunkt wollte man erst einmal schauen, ob das überhaupt fruchtet.

2009: Wenn sich die Xbox 360 mit dem PlayStation Network verbindet

Wenn sich die Xbox 360 mit dem PlayStation Network verbindet, dann kann es sich dabei nur um einen Fehler handeln. So geschehen in Einzelfällen 2009 zur Veröffentlichung von EAs Rennspiel Need for Speed: Shift.

Bei einer Handvoll Spielern stürzte das Spiel auf der Xbox 360 ab, da es sich mit dem PlayStation Network versuchte zu verbinden. Das war zum damaligen Zeitpunkt nur einer von vielen Fehlern, mit denen das Rennspiel zu kämpfen hatte.

Ein betroffener Spieler schrieb damals: *„Als ich mich heute etwas durch die Menüs arbeitete, während meine Xbox 360 mit Xbox Live verbunden war, hängte sich das Spiel erneut auf. Und als ich dann auf den Bildschirm schaute, war ich wirklich von dem geschockt, was ich da sah. Wollte sich meine Xbox 360-Version von Need for Speed: Shift tatsächlich mit dem PlayStation Network verbinden?"*

2009: PlayStation 2 erst 9 Jahre später in Brasilien erschienen

Während die PlayStation 2 in Japan, USA und Europa bereits im Jahre 2000 auf den Markt kam, mussten sich die Brasilianer satte 9 Jahre lang gedulden. In Brasilien erschien die Konsole erst 2009. Zwar hielten einige brasilianische Zocker die Sony-Konsole auch schon eher in ihren Händen, dann aber nur als teuren Import.

Eine weitere Kuriosität aber war der Preis. In den USA zahlte man damals für eine brandneue PS3 Slim etwa 300 US-Dollar. In Brasilien hingegen wurden für eine PlayStation 2 umgerechnet etwa 445 US-Dollar fällig.

Begründet wurde das mit den hohen Einfuhrsteuern, die bereits seit etwa Mitte der Neunziger bei stolzen 60 Prozent liegen. Die Preise der PS2-Spiele liegen bei rund 40 Euro.

Angepriesen wurde die Konsole in Brasilien mit Spielen wie Gran Turismo 4 und God of War 2, während der Rest der Welt bereits auf deren Nachfolger wartete.

2009: Polizei stürmt Bungie-Büros

Es ist ein schöner, sonniger Morgen, die Vögel zwitschern und die Mitarbeiter von Entwickler Bungie gehen ihrer Arbeit an Halo nach. Plötzlich wildes Geschrei, bewaffnete Männer stürmen die Büros und suchen nach einer bewaffneten Person. Was war passiert?

In Washington lief ein Bungie-Mitarbeiter mit einem aus dem Halo-Universum nachgebauten Plastik-Gewehr auf der Straße herum, das er in das Bungie-Gebäude trug. Die Waffe ist ein Replika und kommt in den geplanten Halo-Kurzfilmen zum Einsatz, die von Neil Blomkamp (District 9) inszeniert wurden. Ein Passant rief sofort die Polizei und erzählte voller Aufregung, dass er einen Mann mit einer AK-47 gesehen hatte und ein Attentat befürchtete.

Insgesamt fünf Polizisten wurden ausgesendet, um das Gebiet zu untersuchen. Später wurden acht Polizeiautos hinzugezogen und ein SWAT-Team war ebenfalls vor Ort. Bungie klärte die Situation auf, dass es sich um ein Missverständnis handelte und erhielt von einem Polizisten den Rat, in Zukunft die Plastik-Waffen verhüllt durch die Gegend zu tragen. Übrigens war damals gerade das Magazin Kotaku vor Ort, um Halo 3: ODST anzuspielen, als die Polizei eintrudelte.

2009: EA verstößt mit Pressekit gegen Waffengesetz

Einige Publisher senden der Presse oftmals nette Überraschungen zu, die das Testen der Videospiele etwas aufheitern sollen. So auch EA damals zu Der Pate 2. Einige US-Journalisten trauten ihren Augen nicht, als sie eine Schachtel mit einer Zigarre, ein paar Goodies und einem echten Schlagring vorfanden. Kein Plastik!

Da in einigen Staaten ein Schlagring verboten ist, verstieß EA damit gegen das geltende Waffengesetz. Unter anderem betroffen war Kalifornien, wo Electronic Arts ironischerweise seinen Hauptsitz (Redwood City) hat.

Das Unternehmen reagierte sofort und bat alle Journalisten, diese Schlagringe wieder zurückzuschicken, um sie entsorgen zu können.

Ob EA am Ende Probleme bekam bzw. eine Strafe erhielt, ist nicht bekannt.

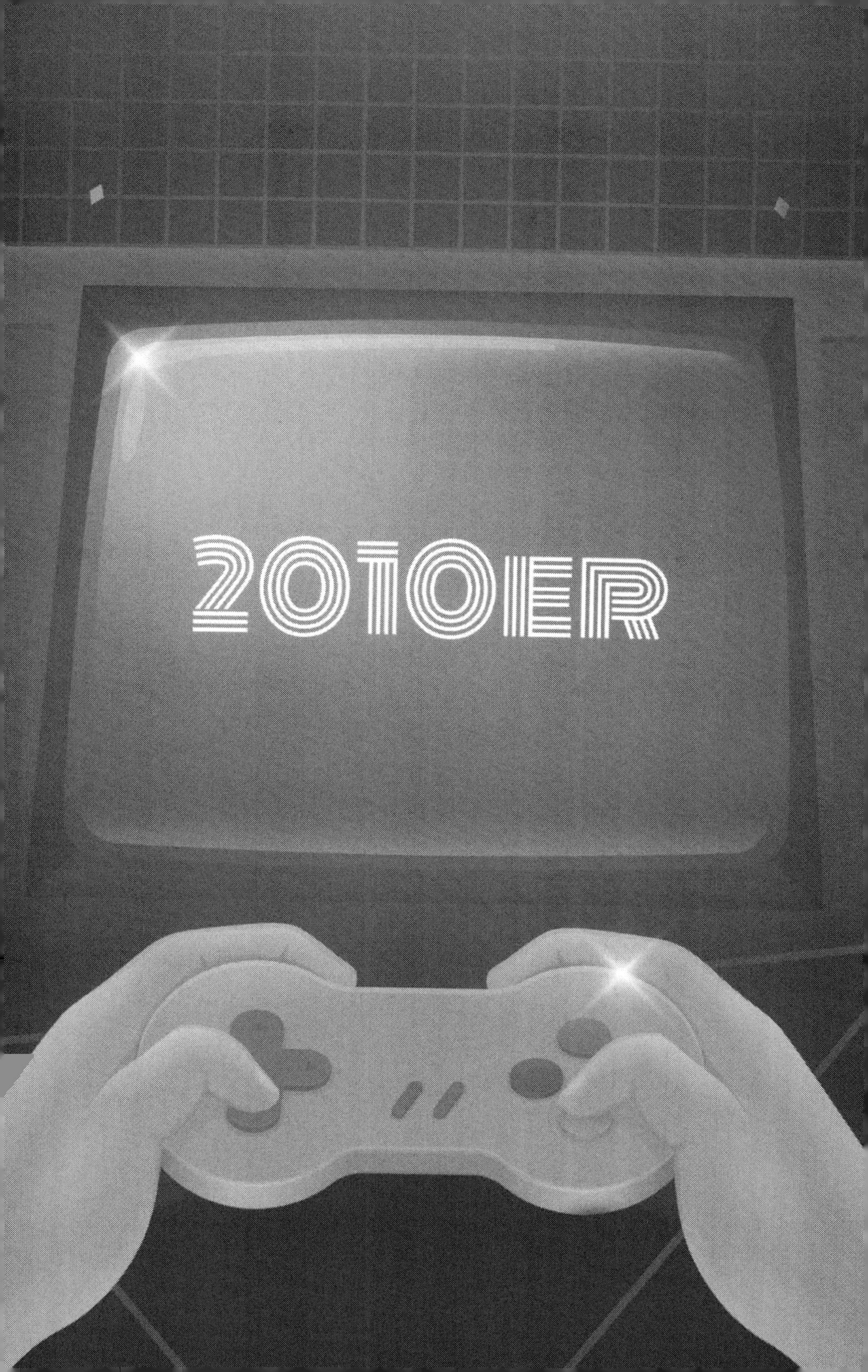
2010ER

2010: Cross Days: ein Spiel, das Softwarepiraten das Fürchten lehrte

2010 wurde in Japan die Erotic Visual Novel Cross Days veröffentlicht, bei der sich Softwarepiraten im Nachhinein wünschten, diese niemals heruntergeladen zu haben.

Ob die Entwickler hier ihre Finger mit im Spiel hatten, lässt sich nicht genau sagen: als Cross Days damals in P2P-Tauschbörsen die Runde machte, wurde diesem - ebenso wie einigen anderen Erotik-Titeln - ein Trojaner beigelegt, der während der Installation die Persönlichen Daten wissen wollte. Tatsächlich gab es Softwarepiraten, die ihren Namen, Adresse usw. eingegeben haben.

Was sie jedoch nicht wussten: die von ihnen eingegeben Daten wurden an eine Webseite geleitet, auf der sie schließlich öffentlich von jedem einsehbar waren. Da die Macher des Programms ahnten, dass nicht alle Spieler ihre korrekten Daten eingeben, haben sie noch eine Screenshot-Funktion eingebaut, woraufhin die aufgenommenen Bilder ebenfalls auf der Webseite veröffentlicht wurden. Für so manchen Softwarepiraten wurde das Ganze dadurch noch peinlicher.

Die Webseite wurde natürlich wiederum aus dem Netz genommen, dürfte bei so manchem Piraten aber bleibenden Eindruck hinterlassen haben.

2010: Asteroids-Highscore wurde erst nach 28 Jahren geknackt

Knapp 28 Jahre dauerte es, bis ein drei Jahre nach dem Erscheinen des Arcade-Spiels Asteroids aufgestellter Highscore geknackt wurde.

Zahlreiche Spieler bissen sich an 41.336.440 Punkten viele Jahre lang die Zähne aus, doch im Jahr 2010 konnte John McAllister mit 41.838,740 Punkten einen neuen Highscore aufstellen.

Der vorherige Rekordhalter war Scott Safran, der sich seit 1982 als „Asteroids-Champion" feierte. McAllister verbrachte insgesamt 58 Stunden und 15 Minuten, um den Rekord aufzustellen und auf einen Schwarzweiß-Bildschirm zu starren, um seltsame Strich-Gebilde mit kleinen Punkten zum Explodieren zu bringen.

Noch bis heute, im Jahr 2020, hält McAllister offiziell den Rekord, wie auf der Highscore-Webseite von Twin Galaxies nachzulesen ist. Alle anderen Spieler in den Top 5 stellten ihre Rekorde bereits 1982 bzw. 1981 auf. Auf der Webseite findet Ihr übrigens auch die entsprechenden Videos zu den Rekorden, wenn ihr auf die Namen klickt.

2010: Pflanzen gegen Zombies verärgerte Michael-Jackson-Erben

Das beliebte Spiel Pflanzen gegen Zombies verärgerte 2010 die Erben von Michael Jackson wegen des sogenannten Dancing-Zombies, der dem King of Pop optisch sehr ähnlich war.

Ursprünglich hatte Entwickler PopCap den Dancing-Zombie bereits vor dem Tod von Michael Jackson integriert, doch die Erben beanstandeten diesen, da er ihrer Meinung nach zu sehr an den Sänger erinnerte. Kein Wunder, trug dieser nicht nur die Frisur und Kleidung inklusive der weißen Handschuhe von Michael, er vollführte auf dem Rasen auch einen Moonwalk und erinnerte stark an dessen Song „Thriller".

Es dauerte nicht lange, bis PopCap reagierte und den Dancing-Zombie gegen einen anderen austauschte, der nicht an Michael Jackson erinnerte.

Auf den Markt kam Pflanzen gegen Zombies 2009 und stellt ein Tower-Defense-Spiel dar, in dem der Spieler sein Haus gegen Zombies verteidigen muss. Dabei erhält er Unterstützung von verschiedenen Pflanzen mit unterschiedlichen Fähigkeiten, die sich auf dem Rasen je nach Lust und Laune aufstellen lassen

2010: Miyamoto fand A Link Between Worlds altbacken

Shigeru Miyamoto, der Schöpfer von Mario, Zelda und Co., konnte mit der ersten Version von The Legend of Zelda: A Link Between Worlds nichts anfangen. Er fand laut Designer Hiromasa Shikata keine positiven Worte, was die Macher schockierte.

„Als wir die Präsentation starteten, konnte ich deutlich sehen, wie Miyamotos Gesichtsausdruck schnell düster wurde. Ich dachte mir: 'Das ist schlecht...' Und am Ende sagte er: 'Das wirkt wie eine 20 Jahre alte Idee.' Das war vernichtend. Wir waren am Boden zerstört", sagte Shikata.

Weiter meinte er: *„Als wir 3 eines Tages ein Meeting hatten, sagte ich versehentlich: 'Wie wäre es, wenn Link Wände betreten könnte?' Mouri und der andere Programmierer [fanden das großartig]. Und auch wenn ich diesen Vorschlag machte, so ergab das keinen Sinn für mich."*

Das Team erschuf einen neuen Prototypen mit 2D-Mechaniken und zeigte diesen Miyamoto, der positiv darauf reagierte und dem Projekt grünes Licht gegeben haben soll. Doch bevor sie mit der Entwicklung so richtig beginnen konnten, wurden sie im Oktober 2010 abgezogen, um sich um Launch-Titel für die Wii U zu kümmern.

Zu dieser Zeit hatte das Team die Hoffnungen aufgegeben, zumal kaum ein anderes Spiel in der Vergangenheit auf Eis gelegt und später wieder aufgenommen wurde. Gut ein Jahr später wurde die Entwicklung dann doch wieder begonnen, um den Wünschen der Fans nachkommen zu können.

2010: Erstes Konsolenspiel mit Online-Zwangsaktivierung

Zwangsaktivierungen über das Internet waren bis dato PC-Spielern vorbehalten, doch 2010 sollte sich das mit SOCOM: U.S. Navy SEALs Fireteam Bravo 3 für die PSP ändern.

Käufer mussten ihr Exemplar erst über das Internet aktivieren, wenn sie Multiplayer-Schlachten online austragen wollten. Betroffen war aber nur die amerikanische Version. Laut Sonys John Koller wollte man damit der Softwarepiraterie entgegenwirken und sich aber auch gleichzeitig am Gebrauchtmarkt bedienen.

Der Verpackung lag ein Code bei, der satte 20 US-Dollar kostete, wenn man das Spiel gebraucht kaufte und man dementsprechend vielleicht keinen Code hatte. Zum Vergleich: Das Spiel kostete in den USA 40 US-Dollar, weshalb der Gebrauchtkauf durch den 20 Dollar teuren Code weniger attraktiv war, sofern man denn das Spiel online zocken wollte.

2010: Dieser Kopierschutz schlägt Kopierer in die Flucht

Das DS-Spiel Michael Jackson: The Experience besitzt einen ziemlich verstörenden Kopierschutz. Wer sich ein Rom-File herunterlädt und dieses über seinen DS mittels einer Flashkarte oder über einen Emulator spielen möchte, wird mit einer nervigen Vuvuzela-Tröte statt mit den kultigen Sounds von Musiklegende Michael Jackson begrüßt.

Vuvuzela dürften sicherlich viele noch kennen: das sind die lauten Trompeten-artigen Dinger, die während der Fußball-Weltmeisterschaft 2010 so manchen in den Wahnsinn trieben. Also genau in dem Jahr, in dem Michael Jackson: The Experience auf den Markt kam.

Natürlich machten sich einige findige Leute kurz darauf dran, die entsprechenden Dateien in dem Spiel zu finden und den Kopierschutz außer Gefecht zu setzen.

2010: Lara Croft erhält ihre eigene Straße in England

Wer in England Urlaub macht und dabei einen Schritt in die Stadt Derby wagt, der könnte plötzlich einen Fuß in die Straße Lara Croft Way gesetzt haben. Die wohl bekannteste Spieleheldin durfte ihren Namen für eine Umgehungsstraße herhalten. Das ist das Resultat aus einer Volksabstimmung im Jahr 2010, bei der die Einwohner für einen neuen Namen einer Straße abstimmen konnten.

Da Lara Croft-Erfinder Core Design in Derby ansässig ist, wurde entschieden, auch die berühmte virtuelle Archäologin mit in die Abstimmung aufzunehmen. Außerdem standen zur Auswahl der in Derby geborene Fußballspieler Steve Bloomer, der Astronom John Flammsteed und der Ingenieur George Sorocold.

Etwa 27.000 Bürger stimmten für den neuen Straßennamen ab, wobei sich stolze 89 Prozent der Stimmen für Lara Croft entschieden.

Lucy Care, die Abgeordnete des Regierungsbezirkes, sagte gegenüber BBC: *„Die Abstimmung erfasste die Fantasie der Menschen und, ungeachtet meiner Unwissenheit von Videospielen, akzeptiere ich, dass eine Mehrheit von 89 Prozent für Lara Croft zu überwältigend ist, um sie zu ignorieren. Sie wurde in Derby erschaffen und verdient es, neben den anderen traditionellen Wahrzeichen der Stadt zu stehen."*

2010er: Die teuersten Collector's Editionen aller Zeiten

2013 noch war die sogenannte „Mono Edition" zum Rennspiel GRID 2 die teuerste Sammleredition: 190.000 US-Dollar kostete diese. Für diesen Preis erhielt man nicht nur das Spiel mit diversen Extras, eine PS3-Konsole, Rennanzug, Rennhelm und einen Ausflug zum BAC-Werk, sondern auch einen echten Sportwagen im GRID-Design. Nämlich den BAC Mono mit einer Maximalgeschwindigkeit von 273 km/h bei 2,3 Liter Hubraum und 280 PS.

Im gleichen Jahr folgte die auf nur ein Exemplar limitierte „Super Dangerous Wad Wad Edition" zum Spiel Saints Row 4, die mit einer Million US-Dollar nach wie vor die teuerste Edition darstellt. Die enthielt allerlei Inhalte, unter anderem das Spiel, ein Geheimagenten-Training für einen Tag, einen Weltraumflug mit Virgin Galactic, ein Geiselbefreiungs-Erlebnis, einen echten Lamborghini Gallardo, passend dazu eine Jahresmitgliedschaft im Super Car Club, einen Toyota Prius inklusive Versicherung, eine Schönheitsoperation und noch einiges mehr.

Da klingt die „My Apocalypse Edition" zu Dying Light für 386.000 Dollar irgendwie nicht mehr so spektakulär. Die enthielt ein speziell gegen Zombies geschütztes Haus (Stacheldraht, verstärkte Türen, Schlitzfenster uvm.), ein Nachtsichtgerät, Parkour-Unterricht, das eigene Gesicht im Spiel und einiges mehr.

2010er: Rares Kinect-Experiment: Möwen-Simulation mit „Kack-Option"

Als Microsofts Bewegungssteuerung Kinect noch ganz frisch war, arbeitete Rare an 20 bis 30 kleineren experimentellen Spielen, die eine Art Experimente darstellten. Rare wollte wissen, was man mit Kinect so alles anstellen kann.

Zu diesen Spielen gehörte eine Möwen-Simulation, in der man einiges anstellen konnte. Um die Möwe zu steuern, musste der Spieler mit seinen Armen flattern, während man mit dem Oberkörper die Möwe neigte. Eine Sache, die in einer Möwen-Simulation natürlich nicht fehlen durfte, war die Möglichkeit, auf alles zu „koten".

Es gab sogar direkt Ziele, die mit Möwen-Kot versehen werden mussten. Die einzige Sache, die man in dem Prototyp nicht tun konnte, war das Stibitzen von Essen, was Möwen ganz gerne mal tun.

Microsofts Kinect kam 2010 für 149 Euro auf den Markt und wurde 2017 wieder eingestellt.

2011: Activision-Chef in einem 'Brad Pitt'-Film

Wer im Jahr 2011 den 'Brad Pitt'-Film Moneyball im Kino oder später zuhause gesehen haben sollte, dürfte neben dem Weltstar ein weiteres bekanntes Gesicht erblickt haben: Bobby Kotick.

Kotick ist Chef von Spiele-Publisher Activision und hat in dem Hollywood-Streifen einen Auftritt. Kotick und Regisseur Bennett Miller sind gute Freunde, wodurch die Rolle zustande kam.

Letztendlich stand der Gedanke für den guten Zweck im Vordergrund, denn Kotick verlangte, dass Miller einen Film über das „The Call of Duty Endowment" dreht. Diese von Activision gegründete Stiftung hilft Soldaten, sich nach ihrer Zeit in der Armee wieder ins zivile Leben einzugliedern.

Damals betonte Kotick, dass er niemals wieder vor die Kamera für einen Film treten wolle. Das war also eine einmalige Sache - und in den Credits von Moneyball wird er auch nicht gelistet.

2011: Deutsche Polizei vereitelt Helghast-Invasion

Da schauten Passanten in München im Jahr 2012 nicht schlecht, als plötzlich Helghast in Bahnhofsnähe auftauchten - mitsamt schwarzer Armeekleidung, Gasmaske, Kampfausrüstung und vollautomatischen Waffen. Kurz darauf kam die Polizei an und stellte sich gegen die vermeintlichen Außerirdischen.

In Wirklichkeit handelte es sich natürlich um eine PR-Aktion zum 2011 erschienen Killzone 3. Besonders auf die Waffen war die Polizei scharf, auch wenn es nur Attrappen waren. Das Mitführen von Anscheinswaffen ist in der Öffentlichkeit nämlich untersagt, außer sie unterscheiden sich eindeutig von echten Waffen.

Die Polizisten nahmen die Personalien der Schauspieler auf und verlangten, die Waffen nicht in der Öffentlichkeit zu tragen. Konsequenzen hatte dies weder für die PR-Abteilung noch für Sony. Bereits bei Killzone 2 gab es eine identische PR-Aktion in München, allerdings ohne dabei Aufsehen zu erregen.

2011: Bethesda-Quest: Eltern nannten ihren Sohn Dovahkiin

Im Jahr 2011 nannten Eltern ihren Nachwuchs Dovahkiin und erhielten dafür alle Bethesda- / ZeniMax-Spiele auf Lebenszeit.

Bethesda selbst rief damals diese „Quest" aus und forderte jene Eltern dazu auf, ihr am 11.11.2011 (das Release-Datum von Skyrim) geborenes Kind Dovahkiin zu nennen. In der Sprache der Drachen heißt Dovahkiin Drachengeborener.

Die Familie Kellermeyer nahm sich der Quest an und nannte ihren Jungen Dovahkiin Tom Kellermeyer. Das aber nicht wegen der Belohnung, die Bethesda versprochen hatte, sondern unter anderem auch deshalb, da bereits ihre Tochter einen einzigartigen Namen trägt. Auch der Sohn sollte einen solchen erhalten.

Die Mutter erklärte damals, natürlich lange darüber nachgedacht zu haben, was es für das Kind bedeuten würde, einen solchen Namen zu tragen. Selbst ohne diesen Wettbewerb würde man bei diesem Namen bleiben, zumal sich viele ihrer Freunde und die Familie für diesen aussprachen. Letztendlich habe der Familie der Name sehr gut gefallen - die Quest-Belohnung von Bethesda war also nur ein netter Nebeneffekt.

2011: Duke Nukem Forever erscheint endlich nach 14 Jahren Entwicklung

Duke Nukem Forever darf in diesem Buch einfach nicht fehlen. Angekündigt wurde es auf der E3 1997 und durchlebte seitdem die Hölle der Spieleentwicklung. Es wurde zum Running Gag, zum Synonym für lange Entwicklungszeiten, bekannt für den wohl berühmtesten Spieleindustrie-Spruch „When it's done!" - und doch klammerte man sich immer wieder an Hoffnung.

Tatsächlich gab es intern sogar einen Release-Termin: Entwickler 3D Realms hatte in all den Jahren zu kämpfen, auch mit Entlassungen und einer Klage, und bekam bis zum November 2009 von Take-Two ein Cut-Off vor die Nase gesetzt, um das Spiel bis dahin fertigzustellen. Im April 2010 hätte Duke Nukem Forever weltweit erscheinen sollen. Nach 13 Jahren.

Die Entwicklung selbst soll nie gestoppt worden sein, einige der Entwickler haben an dem Spiel einfach von daheim weitergearbeitet. Darunter etwa Allen Blum, der von Beginn an bei der Entstehung dabei war. Die Vision sei es einfach gewesen, DNF eines Tages fertigzustellen.

2010 dann die Sensation: Duke Nuken Forever sollte doch noch offiziell erscheinen und wurde von Borderlands-Macher Gearbox übernommen. Nach einer weiteren, diesmal jedoch kleineren Verschiebung, wurde der Ego-Shooter am 10. Juni 2011 für PC, Xbox 360 und PlayStation 3 herausgebracht. Damit endete irgendwie auch eine Legende und heute spricht kaum noch jemand über das Spiel.

2011: Kein Backup: Betreiber löschte versehentlich MMO

Einem südkoreanischen Betreiber von Onlinespielen ist das passiert, was man keinem Unternehmen wünscht: versehentlich wurde eines seiner MMOs gelöscht. Auf den ersten Blick kein Beinbruch, haben Unternehmen in der Regel doch ein Backup zur Stelle.

Doch wie es der Zufall so wollte, war ausgerechnet von diesem Spiel kein Backup vorhanden. So wurde das Free2Play-MMO namens „M2" direkt zu Grabe getragen. Zu der Löschung kam es während Wartungsarbeiten.

Die Schuld soll angeblich nicht alleine beim Entwickler Hangame gelegen haben, sondern auch bei einer japanischen Firma, die die Server für die Wartungsarbeiten herunterfuhr, da es Serverprobleme gab.

Spieler, die ihre wertvollen virtuellen Items verloren hatten, erhielten von Hansoft immerhin eine Entschädigung.

Also liebe Entwickler: immer ein Backup vom Spiel anfertigen, damit so etwas nie passieren kann.

2011: Der unbesiegbare Skorpion

Der Shooter Serious Sam 3: BFE wurde mit einem
Kopierschutz ausgeliefert, der es Besitzern der illegal
heruntergeladenen Version schwer machte.

Sollte sich damals ein Nutzer Serious Sam 3: BFE illegal
beschafft haben, so ließ Entwickler CroTeam einen
besonders fiesen Skorpion auf die Spieler los. Dieser war
nicht nur verdammt schnell und machte Jagd auf die
Hauptfigur Sam, sondern er war auch unbesiegbar. Da half
selbst alles Blei nicht, um den Skorpion niederzustrecken.

Besitzer der legalen Version mussten hingegen nichts
befürchten, hier war der Skorpion nicht anzutreffen. Darüber
hinaus gab es noch eine weitere Maßnahme: ab einem
gewissen Punkt hatte man keine Kontrolle mehr über seine
Maus, man blickte in die Luft und dabei drehte sich die
Ansicht im Kreis.

2011: Epischer Post-it-Krieg zwischen Ubisoft und Bankunternehmen

Eines Tages saß ein Ubisoft-Mitarbeiter in der französischen Niederlassung gelangweilt in seinem Büro und begann Post-its an sein Fenster zu kleben. Mit diesen kleinen Klebezettelchen erstellte er am Fenster einen der Alien aus Space Invaders.

Seine Langeweile war offenbar so groß, dass danach weitere Space-Invaders-Gebilde folgten. Plötzlich sah er in einem Fenster des Gebäudes auf der anderen Straßenseite das Raumschiff aus Space Invaders. Der Grund: Ein Mitarbeiter der gegenüberliegenden Bank BNP Paribas reagierte mit dem Raumkreuzer auf die Aliens. Danach wechselten sich Ubisoft und das andere Unternehmen immer wieder mit neuen Bildern ab, die groß an den jeweiligen Fenstern erstrahlten.

So wurden Bowser und NyanCat mit Mario and Bart Simpson gekontert. Angry Birds hingegen mit Hobbes. Später fanden sich viele bekannte Videospiel-Figuren an den Fenstern der beiden Gebäude, darunter Mario, Link, Sonic, Ezio, Rayman, Pikachu und weitere.

Am Ende waren die Bilder so groß, dass sich einzelne Figuren (etwa Obelix) und Gebilde über mehrere Stockwerke und fast in der gesamten Größe der Gebäude erstreckten.

Interessant ist auch, dass sich das Ganze positiv auf die Arbeitsmoral der Mitarbeiter beider Unternehmen auswirkte und so teilweise sogar direkter Kontakt entstand.

2011: GeoHot knackt PS3

„Wenn Ihr wollt, dass Eure nächste Konsole sicher ist, meldet Euch bei mir. Egal, wer von Euch Dreien. Es wäre spaßig, auf der anderen Seite zu sein", ließ der bekannte Hacker George „GeoHot" Hotz die drei Konsolen-Hersteller 2011 wissen.

Doch in erster Linie richtete er sich damit an Sony, denn auf seiner Website veröffentlichte er den Root Key der PlayStation 3.

Mit dem Code, der aus Buchstaben und Zahlen besteht, lassen sich jegliche Programme signieren, so dass die PS3 denkt, es handele sich um von Sony autorisierte Software. Somit lassen sich die Programme also ausführen. Das bedeutete auch gleichzeitig, dass die PS3 endgültig geknackt wurde, da Sony den sogenannten MetLdr-Key nicht einfach via Update ändern konnte.

Sony war natürlich alles andere als begeistert und versuchte Schadensbegrenzung. Sony konnte erfolgreich eine einstweilige Verfügung erwirken, die GeoHot die Hände bei der Weitergabe und Verlinkung des Root Key schnürte. Auch sollten sämtliche Computer und Speichergeräte ausgehändigt werden.

Am Ende konnten sich die Parteien außergerichtlich einigen.

2011: Der große PlayStation Network Hack

Sony musste im Jahr 2011 viel einstecken: nicht nur die PS3 wurde gehackt und DDoS-Attacken machten dem Unternehmen das Leben schwer, sondern das PlayStation Network (PSN) wurde Opfer einer der größten Hacks der Geschichte.

2 Tage dauerte es, bis Sony das PSN nach dem Hack offline nahm und die Nutzer nur spärlich informiert wurden. Zu dem Zeitpunkt machte Sony darauf aufmerksam, dass sich die User nach 48 Stunden wieder einloggen können. Doch das Ausmaß sollte schon bald ganz andere Formen annehmen, gut 23 Tage blieb das System abgeschaltet. Denn kompromittiert wurde die persönlichen Daten von 77 Millionen Nutzern.

Erst nach und nach gewährte Sony immer mehr Einblicke und gab erst nach Tagen zu, dass unter anderem die Namen, Adressen und auch PSN-Passwörter betroffen waren. Zudem schloss man nicht aus, dass ebenso Kreditkartendaten in die Hände der Angreifer gelangt sein könnten.

Sony kostete der PSN-Ausfall 171 Millionen US-Dollar. Als kleine Wiedergutmachung erhielten Spieler diverse PSP- bzw. PS3-Spiele kostenlos. Später gab es noch Entschädigungen in Millionenhöhe, nachdem in den USA eine Sammelklage eingereicht wurde.

2011: Nintendo-Fan campt für Nintendo 3DS eine Woche lang vor Best Buy

Dass Fans gerne für Konsolen, Handys und Schuhe längere Zeit vor Läden campen, ist nicht neu. Erwähnenswert ist aber ein Nintendo-Fan, der eine ganze Woche vor Best Buy wartete, um als erster einen 3DS in seinen Händen halten zu dürfen.

Hinzu kommt, dass er den 3DS normalerweise bereits sicher hatte und gar nicht hätte warten müssen - er bestellte sich nämlich einen vor und bezahlte ihn auch schon. Er hätte also an dem Sonntag, an dem der 3DS in den USA herausgegeben wurde, nur vorbeikommen und Nintendos neuen Handheld abholen brauchen.

Warum also das Ganze? Wie er gegenüber Raw Game Play erklärte, wollte er eine Art Tradition aufrecht erhalten. Bereits beim DS- und Wii-Launch stand er einige Tage zuvor an. Außerdem wollte er Nintendo unterstützen.

Am ersten Tag gab es bereits ein paar Probleme mit Best Buy und der Polizei, was dann aber geklärt wurde. Am Mittwoch durfte er auch ganz offiziell die Warteschlange eröffnen.

Gerade bei Konsolen-Launchs sind längere Camping-Zeiten nicht unüblich, doch eine ganze Woche schon gar nicht die Regel.

2012: Intel fälscht Gameplay-Demo

Auf der CES 2012 demonstrierte Intel mit dem Rennspiel F1 2011 die neuen Ivy Bridge Ultrabooks und spielte dabei live vor einem Publikum, um DirectX 11 zu zeigen. Das nämlich sollten die Ultrabooks unterstützen.

Allerdings war die Demo kein Live-Gameplay, obwohl der Mitarbeiter während der Präsentation mit einem Lenkrad das Fahrzeug steuerte. Zumindest sollte es den Anschein haben, er würde den Boliden selbst befehligen.

Er wurde aber schnell entlarvt: Nicht nur, dass dessen Bewegungen ganz und gar nicht mit dem Fahrzeug auf dem Bildschirm übereinstimmten - nein, plötzlich tauchte die Navigation-Leiste des VLC-Players auf. Alles, was auf der großen Leinwand zu sehen war, war also bloß ein Video.

Nach der Show meinte der Mitarbeiter, ein anderer Mitarbeiter hätte das Fahrzeug hinter der Bühne gesteuert. Dass das aber eine Lüge war, bewies die Navigations-Leiste des VLC-Players, die mehrfach auftauchte.

2012: Der Entwickler, der sein Spiel als gecrackte Version über Torrent verteilte

Entwickler Greenheart Games stellte damals eine gecrackte Version von Game Dev Tycoon über Torrent ins Netz und veräppelte Nutzer der illegalen Kopie. Witzigerweise dreht es sich in Game Dev Tycoon um den Aufbau eines eigenen Entwicklerstudios - man muss Spiele entwickeln und diese verkaufen.

Als Greenheart Games die „unerlaubte Fassung" online stellte, dauerte es nicht lange, bis immer mehr und mehr Spieler Game Dev Tycoon auf ihren Rechner luden. Bei dieser gecrackten Version gab es jedoch einen Haken: Die Spieler verbrachten Stunden damit, ihr eigenes Studio in Game Dev Tycoon hochzuziehen, nur um später im internen Verkaufsreport mitgeteilt zu bekommen, dass das eigene von ihnen erstellte Spiel von vielen Gamern illegal heruntergeladen wurde und man früher oder später pleitegeht.

Und je mehr Spiele die echten „Raubkopierer" in Game Dev Tycoon entwickelten, desto höher die Chance, dass diese häufiger heruntergeladen wurden und sich das natürlich negativ auf die Verkäufe auswirkte. Dadurch waren die Nutzer der illegalen Kopie nicht nur hilflos, sondern dadurch sie öffentlich um Hilfe mit den virtuellen „Raubkopierern" baten, wurden sie auch als solche entlarvt.

Greenheart Games versuchte in einem Forum an die Nutzer der illegalen Version heranzutreten und auf die richtige Version aufmerksam zu machen, die man sich für 7,99 US-Dollar bei ihnen kaufen konnte. Viel brachte das aber nicht; am ersten Tag spielten 93,6 Prozent der Spieler die gecrackte Version, während nur 6,4 Prozent das Spiel kauften.

2012: Herr Ober, da ist Mass Effect in meinem Call of Duty

Call of Duty: Black Ops 2 und Mass Effect 2 sind zwei Spiele, die nicht nur von unterschiedlichen Entwicklern stammen, sondern auch von zwei völlig unterschiedlichen Publishern. Und doch ist es im Jahr 2012 passiert, dass einige Spieler Mass Effect 2 statt Black Ops 2 in den Händen hielten. Zumindest teilweise.

Denn einige Spieler hatten damals das Pech, dass die PC-Version von Black Ops 2 mit der zweiten Disk von Mass Effect 2 ausgeliefert wurde. Zwar sah die zweite Disk äußerlich wie der Datenträger von Black Ops 2 aus - er wurde also entsprechend bedruckt -, doch sobald die DVD in das Laufwerk gelegt wurde, offenbarte sich Mass Effect 2 auf der Scheibe.

Der Grund: das Presswerk, das sich um die physische Fertigung beider Spiele kümmerte, hatte damals den Fehler gemacht. Entweder wurden die falschen Dateien auf die zweite Disc gepresst oder aber die Mass-Effect-2-Disc wurde einfach nur falsch bedruckt.

Ein Umtausch war problemlos möglich, wobei PC-Spieler den Vorteil hatten, sich durch den Steam-Key auch direkt Black Ops 2 herunterzuladen, ohne die Datenträger verwenden zu müssen.

2012: Mass Effect 3 - einmal ins Weltall und zurück

Electronic Arts startete damals zum bevorstehenden Release von Mass Effect 3 eine PR-Aktion, mit der das Spiel ins Weltall und wieder zurückgeflogen wurde.

Der Publisher befestigte mehrere Exemplare an Wetterballons und ließ sie ins Weltall fliegen, zumindest soweit dies möglich war.

Jedes Spiel war mit einem GPS-Sender ausgestattet, worüber Interessierte jedes einzelne über die offizielle Website masseffect.com orten konnten. Der Hintergrund: lange blieben die Spiele natürlich nicht oben, was also bedeutete, dass sie nach ihrem Absturz von Fans mittels der GPS-Daten gefunden werden konnten. Und schon durften die glücklichen Finder eine Woche vor Release spielen.

Damit es aber auch etwas fair zuging und nicht nur ein Land in den Genuss dieser Aktion kam, ließ Electronic Arts diese Ballons von mehreren Städten aus starten. Darunter befanden sich New York, San Francisco, Las Vegas, Berlin, London und Paris. Somit erhielten also auch deutsche Spieler eine Chance.

2012: Wenn Alan Wake eine Augenklappe trägt

Als Entwickler Remedy im Jahr 2012 das Spiel Alan Wake für den PC auf den Markt brachte, dauerte es nicht lange, bis der Titel illegal verbreitet wurde. Das Studio erlaubte es den Softwarepiraten, Alan Wake tatsächlich ohne wirkliche Einschränkung durchspielen zu können.

Vielmehr versuchte man ihnen ins Gewissen zu reden: einerseits trug Protagonist Alan Wake die gesamte Zeit über eine Augenklappe, was bekanntlich mit Piraten auf See in Verbindung gebracht wird. Andererseits bat man in den Ladebildschirmen freundlich, sich doch die Originalversion zu kaufen.

Ob sich am Ende die Softwarepiraten wirklich davon beeindrucken ließen, lässt sich nicht nachweisen. Auswirkungen auf das Spielerlebnis hatte die Maßnahme keine.

Zwei Jahre zuvor wurde Alan Wake exklusiv für die Xbox 360 herausgebracht. Später folgten dann noch diverse DLCs sowie ein kleinerer eigenständiger Teil namens Alan Wake's American Nightmare.

Übrigens war die Version für die Xbox 360 auch stark von Softwarepiraterie betroffen: im Jahr der Veröffentlichung landete das Spiel auf Platz 2 der meistkopierten 360-Spiele.

Bei Quantum Break, das ebenfalls von Remedy stammt, verlieren Softwarepiraten auf dem PC auch ein Auge und bekommen eine Augenklappe auf.

2012: Pokémon-Champion wirft mit Exkrementen um sich

Nach einem harten Fight beim Pokémon Championship 2012, lieferte sich der damals frischgebackene Champion Ruben Puig Lecegui eine Schlacht auf dem Flur eines Hotels. Aber nicht etwa mit Pokémon-Karten oder aktuellen Pokémon-Spielen, sondern mit Exkrementen.

Dabei war er aber nicht alleine unterwegs, sondern soll sich diese Schlacht mit seinen Teamkameraden geliefert haben. Angeblich hätten sie dafür ihre eigenen Exkremente verwendet - so zumindest berichteten es zu der Zeit andere Pokémon-Spieler, die in dem Hotel mit untergebracht waren.

Einer von ihnen erwachte aus seinem Schlaf, als er durch den Lärm geweckt wurde. Als der Krach dann lokalisiert wurde - er kam aus der Etage mit den spanischen Pokémon-Spielern - , riefen andere Pokémon-Spieler sowie normale Gäste des Hotels die Polizei.

Anschließend mussten die Randalierer das Hotel verlassen und The Pokémon Company International zog den Titel des ehemaligen Champions zurück. Ein Manager des Unternehmens sagte, dass man von den Teilnehmern ein gewisses Verhalten erwarte, zumal man einen familienfreundlichen Umgang fördere.

2012: Resident-Evil-Restaurant in Japan

Themen-Restaurants sind in Japan weit verbreitet und waren natürlich auch im Jahr 2012 nicht neu. Für Capcom allerdings schon, denn das Unternehmen eröffnete damals in Shibuya (Tokio) sein erstes eigenes Restaurant mit der Thematik Resident Evil.

Das Ganze nannte sich passenderweise Biohazard Cafe & Grill S.T.A.R.S. und richtete sich besonders an Fans von Geschnetzeltem - im wahrsten Sinne des Wortes. Vorher hatte Capcom schon eine Bar geöffnet, unter anderem mit „Zombie-Rippchen" oder „Gehirn-Kuchen". Natürlich ließen sich ebenfalls beschwipsende G-Virus-Drinks bestellen.

Biohazard Cafe & Grill S.T.A.R.S. war im Grunde als eine Promoaktion zum bevorstehenden Release von Resident Evil 6 zu verstehen. Denn länger als ein Jahr wollte man das Restaurant damals nicht betreiben.

Von Capcom gibt es immer mal wieder solche Geschäfte: 2018 schloss die Capcom Bar, einen Monat später wurde dann die sogenannte Monster Hunter Bar vorgestellt. Dort lässt sich auch Merchandise zu diversen Titeln beziehen.

2012: Recherche-Ausflug geht schief - ArmA-Entwickler verhaftet

Als Entwickler, vor allem im Bereich der Simulationen, muss man entsprechende Recherche betreiben und nicht nur vom Bürostuhl aus Google Maps und Co. bemühen, sondern sich am besten vor Ort mit dem Thema auseinandersetzen.

Auch ArmA-Entwickler Bohemia sammelt seit eh und je Material, um es für aktuelle Entwicklungen nutzen zu können. Doch nicht immer läuft alles glatt. Während eines Recherche-Ausflugs in Griechenland wurden zwei Mitarbeiter des Entwicklers von der Polizei verhaftet.

Ihnen wurde Spionage vorgeworfen, denn erwischt wurden sie mit Fotos und Videos einer Militäreinrichtung. Tatsächlich fertigten sie das Bildmaterial für ArmA 3 an, das auf der griechischen Insel Limnos angesiedelt ist.

Das Ganze zog sich rund 4 Monate hinaus, erst im Januar 2013 kam die Nachricht von DayZ-Schöpfer Dean Hall via Twitter: *„Sie sind zu Hause! Und lächeln!"*

Sogar Tschechiens Präsident Václav Klaus schaltete sich damals ein und forderte die Freilassung. Auch gab es öffentliche Proteste von anderen Entwicklern, darunter 2K und Warhorse Studios. Wäre es zu einer Verurteilung gekommen, hätten bis zu 20 Jahre Haft gedroht. Am Ende kamen sie auf Kaution in Höhe von 5.000 Euro frei.

2013: The Last of Us - Probleme mit dem Cover

Als Naughty Dog mit den Arbeiten am Cover von The Last of Us begann, kam es mit Sony zu einem Zwist. Der Grund: die weibliche Figur Ellie wurde von dem Entwickler in den Vordergrund gesetzt, während Hauptfigur Joel mehr im Hintergrund zu sehen ist.

Sony übte ordentlich Druck auf Naughty Dog aus, zumal in Publisher-Kreisen nicht selten die Meinung vertreten wird, dass sich Spiele mit einer männlichen Figur besser als Spiele mit einer weiblichen Figur auf dem Cover verkaufen.

Naugty Dogs Creative Director Neil Druckmann und Schauspielerin Ashley Johnson, die in The Last of Us Ellie spricht, konnten sich am Ende doch erfolgreich durchsetzen. Also rückte Joel in den Hintergrund und Ellie wird im Vordergrund dargestellt. Selbst auf dem Cover der PS4-Version hat sich nichts geändert, auch wenn ein anderes Artwork verwendet wird.

Und wie man heute weiß, hat es den Verkaufszahlen mit Sicherheit nicht geschadet. Am 19. Juni 2020 folgte der zweite Teil für die PlayStation 4, wobei auf dem Cover nur noch Ellie zu sehen ist.

2013: Agrarsubventions-Betrug mit Farmville: 500.000 Euro für virtuelle Kühe

Betrüger konnten sich mit Farmville satte 500.000 Euro ergaunern - dabei bedienten sie sich der Agrarsubventionen bzw. Fonds für Milchviehbetriebe bedient. Agrarsubventionen werden etwa von der europäischen Union an jene landwirtschaftliche Betriebe vergeben, die finanziell nicht ganz so gut dastehen bzw. konkurrenzfähig bleiben wollen.

Einige Jahre vorher dachten sich rumänische Farmville-Spieler, dass sie ja auch in gewisser Weise für die Agrarsubventionen infrage kommen. Sie stellten also einen entsprechenden Antrag für ihre virtuellen Kühe und wurden aufgenommen.

So erhielten sie über drei Jahre hinweg für insgesamt 1.860 Kühe in regelmäßigen Abständen etwa 100 bis 150 Euro pro Tier. Die Dokumente fälschten die Betrüger natürlich und präsentierten den Tierärzten ein paar echte Kühe, so dass der Schwindel nicht so schnell auffliegen konnte.

Irgendwann flog das Ganze doch auf und die Zahlung wurde eingestellt. Und hier wird es erst so richtig dreist: die Betrüger reichten dagegen eine Klage ein und betonten, dass nirgendwo in den EU-Bestimmungen geschrieben stehe, dass man für die Förderung reale Tiere besitzen müsse.

Offenbar fühlte sich niemand für das Durchwinken der Unterlagen schuldig. Darüber hinaus soll es keine gesetzliche Verpflichtung der Beamten geben, die Betriebe zu kontrollieren bzw. Ausschau nach existierenden Kühen zu halten.

2013: Sony-Präsident schlief vor laufender Kamera ein

Shuhei Yoshida, der damalige Chef der Sony Worldwide Studios, sorgte auf der gamescom 2013 während eines PlayStation-Panels für Schmunzeln. Dort hielt er ein kleines Nickerchen, während David Cage über Storytelling sprach.

Und David Cage ist ein Mann, dem man sicherlich gerne in solchen Sachen zuhört, schließlich sorgte er gemeinsam mit seinem Studio Quantic Dream unter anderem für Spiele wie Heavy Rain, Fahrenheit, Beyond: Two Souls und Detroit: Become Human.

Aber Yoshidas Augen wurden immer schwerer, bis er plötzlich einnickte. Das ist anschließend natürlich auch den Anwesenden nicht entgangen. Yoshida nahm das Ganze wie gewohnt mit Humor, teilte und veröffentlichte den Link mit dem Video mehrmals über seinen Twitter-Account.

Auf die Frage *"Did David Cage put you to sleep?"*, witzelte er: „*his voice, his voice :).*" Die Stimme von Cage habe ihn zum Einschlafen gebracht – natürlich nicht ernst gemeint.

2013: Peter Molyneux und der knapp 62.000 Euro teure DLC

Entwickler-Legende Peter Molyneux (Black & White, Fable, Dungeon Keeper) arbeitete Anfang der 2010er an dem experimentellen Projekt namens Curosity und bot währenddessen einen DLC für knapp 62.000 Euro an.

Mit Curosity wollte er der Psyche von Nutzern von Social Media auf den Grund gehen. Diese Daten sollten schließlich in die Entwicklung eines richtigen Spieles einfließen.

In Curosity ging es im Grunde darum, einen in einem virtuellen Raum befindlichen Würfel mit mehrere Ebenen zu zerschlagen. Das Ganze spielte man aber nicht alleine, sondern online mit mehreren Nutzern des Spieles, die gleichzeitig den Würfel bearbeiteten.

Nur derjenige Spieler, der den letzten Schlag ansetzte und den Würfel damit in seine Einzelteile zerfallen ließ, durfte erfahren, was sich im Inneren des Würfels befand. Und das wurde von Peter Molyneux ständig als „truly amazing, absolutely unique" beschrieben.

Damit man die Chancen erhöhen konnte, ließen sich bessere Werkzeuge gegen Bares erwerben. Den Höhepunkt stellte dabei ein Diamant-Meißel dar, der für 50.000 Pfund bzw. rund 62.000 Euro angeboten wurde.

Klingt verrückt. Doch laut Molyneux wollte man mit solch einem hohen Betrag nicht auf die Schnelle Geld verdienen, sondern es sei ein Bestandteil der Ergründung der Psyche im Einklang mit Monetarisierung gewesen. Tja, und was sich im Würfel befand, lest Ihr im folgenden Abschnitt...

2013: Keine Belohnung für den Curosity-Gewinner

Seid Ihr gespannt, was sich in Peter Molyneux' Würfel im Spiel Curosity befand? Bryan Henderson aus Edinburgh war damals der Gewinner; er war der Spieler, der den letzten Schlag machte und den Würfel bzw. dessen letzte Ebene zum Einsturz brachte.

Er hatte damals die Wahl, ob er das Geheimnis für sich behalten oder die Öffentlichkeit informieren wollte. Er entschied sich für das Lüften des Geheimnisses: es war ein Video mit Danksagung von Molyneux an die Teilnehmer sowie Erläuterungen zur Belohnung.

Der Gewinner war nicht nur als „höchster Gott" für das nächste Spiel Godus gedacht, sondern er sollte auch eine Gewinnbeteiligung erhalten. Die hatte er aber niemals gesehen. Vier Jahre später meinte Molyneux, dass sein Unternehmen 22Cans mit Godus niemals Geld verdient hatte und Henderson somit auch keins erhalten habe.

Und hinzu kommt noch, dass Hendersons versprochene Rolle als „höchster Gott" niemals in das Spiel integriert wurde - angeblich aufgrund diverser Schwierigkeiten während der Entwicklung. In dieser Rolle sollte er exklusive Handlungsmöglichkeiten haben, die über alle anderen Spieler hätten stehen sollen.

2013: Konservative Gruppe nutzte BioShock-Artwork als Propaganda und schoss sich damit ein Eigentor

Die sogenannte National Liberty Federation nutzte 2013 auf Facebook ein Artwork aus BioShock Infinite zur Propaganda. Doch was die Vereinigung dabei offensichtlich nicht wusste: im Grunde veräppelte sie sich damit selbst.

Doch von Anfang an: National Liberty Federation ist eine sehr konservative Gruppe aus Florida, die in Verbindung mit der Tea-Party-Bewegung steht und laut mehreren Berichten in der Vergangenheit rassistische Texte, Links und Bilder veröffentlichte.

Da in BioShock: Infinite auch Rassismus ein Thema ist, existieren im Spiel natürlich entsprechende Inhalte bzw. Poster. Eines davon ist jenes, auf dem George Washington die Unabhängigkeitserklärung in seinen Händen hält, während übersetzt folgender Text darunter steht: *„Es ist unsere heilige Pflicht, uns vor den ausländischen Horden zu schützen."*

Was der National Liberty Federation im ersten Augenblick in die Hände spielte, entpuppte sich letztendlich als Eigentor. Hinter der Propaganda aus BioShock: Infinite steckt nämlich Satire und Kritik an derartigen Gruppen. Die Poster werden im Spiel von den „Gründern" verteilt, die wiederum das Äquivalent der Tea-Party-Bewegung darstellen.

2013: Call-of-Duty-Entwickler von Polizei gestürmt

Robert Bowling und sein Team von Robotoki staunten 2013 nicht schlecht, als plötzlich Polizisten des LAPD mit gezückten Waffen vor ihnen standen. Dabei wurde offenbar bloß falscher Alarm durch ein neues Sicherheitssystem ausgelöst, das der zuständigen Stelle mitteilte, es würde einen Einbruch geben.

Nachdem Robert Bowlings Identität bekannt war, trafen die Polizisten auf einen schwer bewaffneten Mann am Fenster, der sich nicht regte. In seinen Händen hielt er ein Maschinengewehr und trug eine Maske.

Laut damaligen Medienberichten dachten die Polizisten, es handele sich dabei um einen der Einbrecher. In Wirklichkeit war es aber bloß eine lebensgroße Statue von Simon „Ghost" Riley aus dem Spiel Call of Duty: Modern Warfare 2, an dem Robert Bowling vor Robotoki mitarbeitete.

2013: Amazon gratuliert PlayStation mit Nintendo-Figur

Amazon Deutschland gratulierte im Jahr 2013 der Sony PlayStation zum 18-jährigen Geburtstag. Passend dazu gab es nicht nur einige Angebote, sondern auch ein paar festliche Bilder, die die erste PlayStation mit Geburtstagskarte, Spielefiguren, Kerzen und so weiter zeigten.

Doch der gut informierte Spieler staunte nicht schlecht, als er die verschiedenen Bilder begutachtete. Denn darauf zu sehen waren nicht Sackboy oder andere PlayStation-Charaktere, sondern unter anderem Kirby.

Die rosarote Knutschkugel ist natürlich eine Figur von Nintendo und dementsprechend nur auf Konsolen von BigN zu finden. Die zweite Figur ließ sich ebenso nie auf der PlayStation blicken und ist hauptsächlich auch auf Nintendo-Konsolen zu Hause: Maxwell. Ob Amazon hier ein Fehler unterlaufen war oder man sich dabei nichts weiter gedacht hat?

Vielleicht durfte man die Bilder auch als eine Art Message deuten: *„Es macht keinen Unterschied, woher man kommt, wer man ist und was man spielt - unser Hobby bringt uns zusammen."*

2014: Call of Duty: Ex-Diktator reicht Klage ein

Panamas Ex-Diktator Manuel Noriega reichte 2014 eine Klage gegen Activision Blizzard ein, da das Unternehmen dessen Namen und Konterfei für Call of Duty: Black Ops 2 ohne Erlaubnis nutzte.

In dem Spiel werde er als Entführer, Mörder und Staatsfeind dargestellt. Wie in der Klage geschrieben wurde, sei das deshalb getan worden, um den Realismus im Spiel anzuheben, was wiederum die Verkäufe ankurbelte.

Der damals 80-Jährige forderte daher Schadensersatz, wobei keine Höhe angegeben wurde. Der Shooter kam Ende 2012 auf den Markt und generierte alleine in den ersten zwei Wochen einen Umsatz von 1 Milliarde US-Dollar. Es dürfte also nicht gerade um einen kleinen Betrag gegangen sein.

Der ehemalige Diktator herrschte über Panama von 1983 bis 1989 und befand sich seitdem in Gefangenschaft. Erst in den USA, dann in Frankreich und schließlich in Panama, wo er 2017 starb.

Das zuständige US-Gericht wies die Klage ab und berief sich dabei auf eine Gesetzgebung, die Klagen bezüglich Redefreiheit gar nicht erst zulässt bzw. erdrückt. Activision Blizzards Bobby Kotick sprach unterdessen von einem Sieg für ein globales Publikum, das sich an historischer Fiktion quer durch alle Kunstformen erfreut.

2014: Nintendo 3DS: Ohne Miyamoto hätte es den verbesserten 3D-Effekt wahrscheinlich nicht gegeben

Hätte es Mario-Schöpfer Shigeru Miyamoto nicht gegeben, dann wahrscheinlich auch nicht den verbesserten 3D-Effekt des 2014 / 2015 veröffentlichten New 3DS. Mittels Eyetracking ist es bei dem 3D-Effekt nicht mehr nötig, das Gerät innerhalb eines stark eingeschränkten Blickwinkels auszurichten.

Der verstorbene Nintendo-Chef Satoru Iwata sagte damals gegenüber der Time, dass die Leute sicherlich die Geschichten kennen würden, wie Miyamoto in den späteren Zeitpunkten einer Entwicklung gerne alles wieder über den Haufen werfe.

Ganz ähnlich sei es auch beim New 3DS gewesen. Noch bevor der so ziemlich finale Prototyp des Handhelds in die Produktion ging, machte Miyamoto eine Entdeckung der 3D-Technik an einer ganz anderen Stelle. Also fragte er, warum man diese Technik nicht in den 3DS stecken könne. Denn wenn man dies nicht tue, wäre das gesamte Gerät sinnlos.

Die Techniker waren nicht gerade glücklich darüber, das Gerät so kurzfristig zu verschieben und neu daran zu arbeiten. Sie fragten immer wieder, ob man das wirklich tun sollte. Doch Iwata zufolge habe er selbst genügend technisches Wissen, was hier geholfen habe, die Sache doch noch durchzuboxen. Denn austricksen konnten ihn die Techniker nicht.

2014: Twitch Plays Pokémon

In dem Jahr startete ein regelrechter Hype auf der Streaming-Plattform Twitch, bei dem die Zuschauer alle gleichzeitig Pokémon spielten. Das Ganze war eine Art soziales Experiement und sorgte über Monate hinweg für Spaß, Verzweiflung und verwirrte Beobachter.

Das Prinzip ist einfach zu erklären: via Twitch wurde live die erste Pokémon-Edition (rot) gezeigt, die in einem Emulator lief. Der Twist: alle sich im Twitch-Chat befindlichen User konnten das Spiel mit simplen Eingaben spielen. Zur Auswahl standen Button-Kommandos, also A, B, Start, Select sowie für das Steuerkreuz down, up, right and left.

Man schrieb also in den Chat die jeweiligen Eingaben und die Software setzte dies dann automatisch um. Und da entstand ein ganz schönes Chaos, kamen doch hunderte solcher Kommandos sekündlich in den Chat. Die Spielfigur lief hin und her, das Menü wurde ständig aufgerufen und alles war irgendwie durcheinander.

Es übte durchaus einen gewissen Reiz aus, so dass es nicht verwundern dürfte, dass im Durchschnitt über 50.000 User gleichzeitig in dem Stream verbrachten. Über 9 Millionen Menschen schauten nach nur 5 Tagen zu - Tendenz stark steigend.

Am Ende wurden zahlreiche Editionen durchgespielt, darunter beispielsweise die Rote Edition in 16 Tagen, die Kristall Edition in knapp 10 Tagen, Pokémon X in 5 Tagen und Omega Rubin Edition in ebenfalls 5 Tagen.

2014: Lindsay Lohan verklagt GTA-5-Macher

Schauspielerin Lindsay Lohan verklagte 2014 Rockstar, weil sie angeblich virtuell im Spiel auftaucht. Gut 2 Jahre dauerte es, bis ein US-Gericht die Klage fallen ließ.

Konkret ging es einmal um das Artwork mit jener Blondine (Lohan hat rote Haare), die ein iFruit-Phone in den Händen hält und im Bikini posiert. Das Artwork dürfte zu den bekanntesten aus GTA 5 gehören und ist etwa auch auf der Spieledisk zu finden. Dass es sich bei der Blondine um das britische Model Shelby Welinder handelt, war damals allerdings schon bekannt. Zudem erhielt das Model dafür Geld von Rockstar und zeigte dies auch in einem Foto.

Vor allem aber sah Lohan Ähnlichkeit in der fiktiven Schauspielerin Lacey Jonas, die in Grand Theft Auto 5 von einem Paparazzi weggebracht werden muss. In einer anderen Mission taucht eine rothaarige Darstellerin bei einem Hotel auf, das stark an das Chateau Marmont in West Hollywood erinnert, in dem Lohan wohl hin und wieder anzutreffen war. In der Mission geht es darum, die Schauspielerin beim Sex zu fotografieren.

Das Gericht jedoch war anderer Meinung und ließ darüber hinaus wissen, dass weder Lohans Name noch eine reale Abbildung von ihr in dem Spiel auftauchen würden. Zumal das Gesetz, im Falle einer Ähnlichkeit, eine Verwendung im Rahmen „Fiktion und Satire" erlauben würde.

2014: Frage entlarvt Spieler illegaler Kopien

Was ist die Quadratwurzel eines Fischs? Wisst Ihr nicht? Macht nichts, denn die Frage wurde vom Entwickler des Spiels Skullgirls bewusst und mit einem bestimmten Ziel eingebracht: sie sollte Spieler illegaler Kopien entlarven.

Diese Frage taucht nämlich nur dann auf, wenn man sich das Spiel illegal besorgt hat. Damals passiert: Twitter-User SaikyoChamp erhielt diese Frage im Spiel und wandte sich damit öffentlich an die Macher von Skullgirls.

Er habe diese Frage erhalten, nachdem er die Story des Spiels mit Para und Cere durchspielte. Und er habe keine Ahnung, was das zu bedeuten habe.

Es dauerte nicht lange, bis sich die Entwickler über die offizielle Twitter-Anlaufstelle zum Spiel dazu äußerten und betonten, dass sich der User offenbar Skullgirls nicht legal gekauft habe.

Natürlich versuchte er sich zu rechtfertigen. Auf der PlayStation 3 besitze er das Spiel angeblich bereits und wollte es sich auch bei Steam kaufen. Er sei „heute Morgen" kurz davor gewesen, Skullgirls für den PC zu erwerben. Allerdings verkaufe es GameStop nicht direkt online und er wolle auch sein Haus nicht verlassen.

Der Entwickler reagierte damit, dass es „schon in Ordnung" sei, nur um direkt dahinter zu schreiben: *„Nun, das ist es nicht wirklich, aber wir verstehen es. Versuche am Ende das richtige zu tun."*

2015: Fan bestellt Fallout 4 mit Kronkorken vor

Ein Fallout-Fan sammelte gut über 7 Jahre hinweg alle seine Kronkorken und bestellte Fallout 4 mit diesen erfolgreich vor. Insgesamt 2.240 Kronkorken schickte er an Bethesda, was in etwa 5 Kilogramm entspricht.

Er schickte neben den Kronkorken einen Brief mit, in dem er seine Situation erklärte: *„Sollte es nicht bereits offensichtlich sein: ich bin ein riesengroßer Fan der Reihe. Natürlich war ich sehr erfreut, als ich mehr und mehr über Fallout sehen konnte. Ich habe vernommen, dass Ihr nun Vorbestellungen annehmt. Ich habe nur die Preise in Vorkriegs-Dollar gesehen und ich bin mir nicht ganz sicher, wie der momentane Wechselkurs ist. Ich habe meine Waage benutzt und eine Zahl auf Wikipedia gefunden, ich denke, es liegt irgendwo bei 2.240 Kronkorken. Das sollte es decken, oder?"*

Auf den Wert kam er letztendlich, da es sich nicht um echte Nuka-Cola- oder 'Sunset-Sarsaparilla'-Kronkorken handelte, was natürlich deren Wert ein wenig verringerte.

Tatsächlich reagierte Bethesda darauf und nahm die Kronkorken als Zahlung an. Bethesdas Global Community Lead bestätigte das Ganze damals via Twitter mit einem Foto und versprach, dass der Fan sein Fallout 4 zum Release erhalte.

2015: GameStop verkaufte illegal kopiertes Spiel an Weihnachten

In den USA verkaufte GameStop an Weihnachten 2015 ein illegal kopiertes Spiel. Dabei handelte es sich um Pokémon HeartGold, wobei es an Weihnachten schwierig war, in einem lokalen Geschäft des Unternehmens noch an eine Version zu gelangen.

Also bestellten die Eltern von reddit-Nutzer Vernm51 kurzerhand das Spiel über GameStop.com. Das kam auch pünktlich an und sah von außen wie Pokémon HeartGold aus. Nachdem der Beschenkte das Spiel in seinen 3DS steckte, zeigte es sich nicht etwa als Pokémon Heart Gold im Menü, sondern als Alex Storm Rider von THQ.

Letztendlich wurde Alex Storm Rider genutzt, um ein altes Exploit zu nutzen, wodurch 3DS-Handhelds (aber auch DS & DSi) mit älterer Firmware Flashkarten verwenden können. Jedes DS-Rom kann geladen werden, sobald der Homescreen übersprungen wird. Nintendo hat dieses Exploit längst geschlossen, mit Ausnahme des DS Lite, da dieser keine Firmware-Updates ermöglicht.

Jedenfalls trug der Betrogene das Spiel zu einem lokalen GameStop und sorgte dort für überraschte Gesichter. Am Ende erhielt er als Austausch eine originale Version von Pokémon SoulSilver.

2015: Namco Bandai und das Patent auf Ladebildschirme

Ladebildschirme sind bei Spielen völlig normal und nicht wegzudenken. Um das Warten etwas erträglicher zu gestalten, lassen sich manche Entwickler etwas einfallen: Screenshots, Tipps und Tricks, Fakten und Co. Doch fast nur bei Namco Bandai gab es bis zum Jahr 2015 auch Minispiele im Ladebildschirm.

Der Grund: Namco Bandai besaß über Jahrzehnte ein Patent auf Ladebildschirme in Verbindung mit Minispielen. Anderen Unternehmen war es somit nur bedingt möglich, etwas in dieser Richtung umzusetzen. Entweder mussten sie Geld an Namco Bandai zahlen, oder aber sie fanden andere Wege – bestes Beispiel dürfte die FIFA-Reihe sein.

Dieses Patent lief am 27. November 2015 aus, so dass seitdem auch andere Unternehmen Minispiele in Form von Ladebildschirmen umsetzen dürfen.

Passenderweise wurde wenige Tage danach der sogenannte „Loading Screen Jam" veranstaltet, bei dem Programmierer dazu aufgerufen wurden, interaktive Ladebildschirme einzuschicken.

2015: Candy Crush Extrem: gerissene Daumensehne durch 8 Wochen Dauerzocken

Ein Mann aus Kalifornien spielte täglich für sechs bis acht Wochen lang das Mobile-Game Candy Crush Saga und musste am Ende ins Krankenhaus.

Der Mann nutzte seine linke Hand zum Spielen und seine rechte Hand für alltägliche Aufgaben. Das Smartphone legte er also offenbar nie aus der Hand und wurde dafür mit einer gerissenen Daumensehne bestraft.

Das allerdings hielt ihn nicht vom Weiterspielen ab, was doch ziemlich kurios ist, da eine solche Verletzung normalerweise starke Schmerzen verursacht. Die Ärzte vermuteten, dass bestimmte Spiele wie eine Art „digitale Schmerzmittel" wirken können.

Durch die Aufregung und auch durch den Spaß bzw. das Vergnügen würden die Spiele den Körper dazu bringen, bestimmte Stoffe freizusetzen, die dann schmerzlindernd wirken. Gleichzeitig könnte das den Ärzten zufolge ein Hinweis auf die Suchtwirkung von Spielen sein.

Irgendwann musste der Mann dann aber doch ins Krankenhaus und sich operieren lassen. Der Grund, warum er täglich so viel Candy Crush Saga spielte, soll dessen Arbeitslosigkeit gewesen sein, von der er sich ablenken wollte.

2016: Easter Egg in Punch-Out!! nach 29 Jahren entdeckt

Ein Easter-Egg im NES-Klassiker Punch-Out!! wurde erst nach fast 29 Jahren entdeckt. Reddit-Nutzer midwesternhousewives ist auf dieses Easter-Egg gestoßen, das den Spielern dabei behilflich ist, die beiden Schwergewichte Piston Honda und Bald Bull mit einem Schlag zu erledigen.

Dass das möglich ist, ist keine Neuigkeit mehr. Es gibt in dem Spiel allerdings ein Anzeichen, zu welchem Zeitpunkt beide Boxer niedergeschlagen werden können.

Und zwar befindet sich im Publikum ein bärtiger Mann, der sich genau dann duckt, wenn der Zeitpunkt gekommen ist. Wer das nächste Mal also Punch-Out spielt, sollte auf dieses kleine Easter-Egg achten. Das ist übrigens nur bei den beiden genannten Boxern möglich.

2009 verriet Designer Makoto Wada, dass noch nicht alle Geheimnisse in Punch-Out entdeckt wurden.

2016: Ford klaut Firewatch-Artworks für Werbung

Auf dem offiziellen YouTube-Kanal des Automobilherstellers Ford wurde 2016 ein Video bzw. Werbung zum 2016er Ford Explorer veröffentlicht, die wiederum Artworks aus dem Spiel Firewatch enthielt. Auch ein Flyer wurde via E-Mail an Kunden verschickt, der entsprechende Artworks zeigte.

Entwickler Campo Santo war darüber nicht gerade glücklich, fragte dann bei einem Fordhändler nach und erhielt als Antwort, dass die Artworks von einer Wallpaper-Webseite entnommen wurden.

Sean Vanaman von Campo Santo wies Ford jedoch darauf hin, dass die Artworks in der Werbung einige Elemente enthielten, die nur auf der (alten) Webseite des Studios zu finden waren, und nicht an anderer Stelle. Also muss Ford die Bilder direkt von der Webseite von Campo Santo genommen haben.

Am Ende hatte Campo Santo keine rechtlichen Maßnahmen eingeleitet, zumal das Vanaman zufolge wohl gar nicht so selten passierte. Künstler Olly Moss, der für den Look mitverantwortlich ist, konnte darüber nur lachen.

2016: EA bereute es, Rocket League abgelehnt zu haben

Electronic Arts zeigt heute starkes Interesse an Rocket League. Das war aber nicht immer so, denn 2011 trat Entwickler Psyonix Studios an den Publisher heran und legte einen Entwurf vor. Doch EA lehnt diesen ab.

Heute bereut das Electronic Arts, was kein Wunder sein dürfte, ist Rocket League doch einer der erfolgreichsten Indie-Hits. EAs Executive VP Patrick Söderlund sagte gegenüber IGN: *„Würde ich der Kerl sein, der Rocket League entdeckt hätte? Klar. Würde ich wollen, dass es sich im Besitz von EA befindet? Natürlich würde ich das wollen."*

Um derartige Chancen nicht mehr zu verpassen bzw. auszuschlagen, setzt EA inzwischen auf die eigene Initiative EA Originals, mit der man laut dem Unternehmen „das nächste Rocket League" finden möchte. Kleinere Studios und Projekte sollen dadurch entsprechend unterstützt werden.

2016: Norwegische Schule macht E-Sport zum Unterrichtsfach

Eine Schule in Norwegen startete im August 2016 mit E-Sport als Unterrichtsfach. 30 Schüler bekamen erstmals die Gelegenheit, wöchentlich 5 Stunden im E-Sport unterrichtet zu werden – und das drei Jahre lang.

Doch nicht nur zocken war angesagt, auch körperliche Betätigung mussten die Schüler über sich ergehen lassen, um so etwa Ausdauer und Reflexe zu stärken, dadurch aber auch einen Ausgleich zu erhalten. Ebenfalls spielte das Thema Ernährung eine Rolle.

Die Schule organisierte extra einen speziellen Klassenraum dafür, in dem sich Gaming-Stühle und natürlich High-End-Rechner mit einer Nvidia GeForce GTX 980Ti Grafikkarte befanden. Die Schüler mussten ihre eigenen Mäuse, Tastaturen und Mäuse mitbringen, da jeder eigene Vorlieben besitzt.

Auch Bewertungen bzw. Noten gab es, nämlich in den Bereichen Wissen, Skills, Kommunikation, Zusammenarbeit und taktische Fähigkeiten.

Dota 2, League of Legends, Counter-Strike: Global Offensive und Starcraft 2 standen damals zur Wahl, wobei im ersten Schuljahr nur zwei Titel gezockt wurden.

2018: In Kratos steckt ein klein wenig Imperator

Für God of War (2018) ließ sich Creative Director Cory Barlog von einer eingestellten Star-Wars-Serie inspirieren. Er selbst nämlich arbeitete einst bei Lucasfilm, wo er Zugang zur berühmten Ranch hatte und dabei als Autor Drehbücher der eingestellten Serie lesen durfte.

„Ich mochte den Imperator. Sie machten aus dem Imperator eine sympathische Figur, die von dieser verdammten, herzlosen Frau hinters Licht geführt wurde. Sie ist dieser Hardcore-Bösewicht und sie hat ihn als Person völlig zerstört. Ich hatte beinahe geweint, als ich das gelesen habe", so Barlog.

Dieser Stil des Schreibens hatte er dann auf God of War übertragen, um eine Version von Kratos zu erschaffen, mit der er sowohl neue als auch alte Fans ansprechen wollte. Kratos erhält in dem Spiel eine zweite Chance, seine Gepflogenheiten zu ändern, indem er in die Vaterrolle gesteckt wird. Es ist also eine Figur - ebenso wie der bereits angesprochene Imperator -, die man Barlog zufolge mögen könne.

2018: Skyrim VR lässt Spieler abspecken

2006 noch war es Wii Sports, heute ist es Virtual Reality, was Spieler körperlich fordern kann. Ein Beispiel ist etwa Reddit-Nutzer elliotttate, der 2018 mit der VR-Version von The Elder Scrolls: Skyrim Gewicht verlor. Innerhalb von nur wenigen Wochen schaffte er immerhin 10 Pfund zu eliminieren.

Er spielte Skyrim VR natürlich nicht im Sitzen, was völlig bequem möglich ist, sondern nutzte Roomscale VR. Er versteckte sich etwa hinter Kisten, duckte sich vor Pfeilen und ging in die Kämpfe wie ein Dovahkiin.

Darüber hinaus erkundete er alles per Fuß, nutzte niemals ein Pferd und auch die Schnellreisefunktion nicht. Um das Laufen möglichst einfach zu simulieren, zog er sich Laufschuhe an, legte Matten auf den Boden und lief auf der Stelle. Selbst wenn seine Spielfigur rannte, rannte er auf der Stelle.

Am Ende hatte das Ganze nicht nur einen positiven Effekt auf die Abnahme von Gewicht, sondern versetzte den Spieler mehr in das Spielgeschehen hinein. Er schrieb dazu: *„Die eigene Erschöpfung zu überwinden und einen Drachen zu töten, nachdem man mehrere Kilometer in der Realität gelaufen ist, gibt einem ein ganz anderes Erfolgsgefühl. Man vergisst, dass Laufen langweilig ist und folgt dem Heldenruf."*

2019: Fan-Kritik krempelt Sonic-Kinofilm um

Als 2019 der erste Trailer zum Sonic-Kinofilm veröffentlicht wurde, trauten Fans ihren Augen nicht: das war einfach kein Sonic, der blaue Igel sah völlig anders aus. Weder die Proportionen noch das Gesicht passten. Die Kritik konnten auch die Macher nicht überhören und überraschten mit einer Aktion, die wohl kaum jemand für möglich hielt.

Der Film wurde ins nächste Jahr verschoben, um Sonic komplett zu überarbeiten. Und das, obwohl ja irgendwie alles schon fast fertig war. Regisseur Jeff Fowler und sein Team hörten auf die Fans und versprachen ihnen, dass sie am Ende zufrieden sein werden.

Als schließlich der erste Trailer zum überarbeiteten Igel in Erscheinung trat, blickten Fans auf den Sonic, den sie aus den Spielen kennen. Zumindest orientiert sich der Film-Sonic deutlich am Original.

Interessant an der ganzen Sache ist die Geschwindigkeit der Umsetzung, da derartige Animationen enorm zeitaufwendig sind.

2020 UND BONUSFAKTEN

2020: Ubisoft verklagt Apple und Google

Im Mai 2020 reichte Ubisoft eine Klage gegen Apple und Google ein, weil in beiden App Stores das Spiel Area F2 erhältlich ist. Weder Apple noch Google sind für das Spiel direkt verantwortlich, stattdessen stammt es von Alibaba.

Area F2 ist eine Kopie von Rainbow Six Siege, die für iOS- und Android-Geräte umgesetzt wurde. Die Klage wurde deshalb an beide Unternehmen eingereicht, da diese die App nicht aus ihren Stores entfernen wollen. Also erhofft sich Ubisoft Unterstützung durch das Gericht und gibt natürlich eine urheberrechtliche Verletzung als Grund an.

„R6S gehört zu den beliebtesten Multiplayer-Spielen der Welt und zu einem der wertvollsten geistigen Eigentümer von Ubisoft. Fast jeder Aspekt von AF2 wird von R6S kopiert, vom Operator-Auswahlbildschirm bis zum endgültigen Bewertungsbildschirm und alles dazwischen", so Ubisoft.

Wie die Klage ausgegangen ist, lässt sich an dieser Stelle natürlich nur schwer wiedergeben. Zum Erscheinen dieses Buches war die Klage noch aktuell.

2020: Terraria nach 9 Jahren endlich fertig

Kaum zu glauben, aber 9 Jahre hat es gedauert, bis das erfolgreiche Terraria fertiggestellt wurde. Das war mittels Update im Mai 2020 geschehen.

Entwickler Re-Logic sagte dazu: *"Das Update war ein richtiges Herzensprojekt, an dem unser Team lange Zeit unermüdlich gearbeitet hat. Wir haben wirklich das Gefühl, dass es Terraria auf die nächste Stufe bringt, an einen Punkt, an dem das Hauptspiel endlich als vollständig bezeichnet werden kann."*

Das Update brachte Terraria ein gutes Stück weiter und überarbeitete einige Systeme grundlegend. Unter anderem lässt sich seit dem Update erstmals auch der Schwierigkeitsgrad einstellen.

Das war auch das letzte große Update für Terraria. Auf den Markt kam es am 16. Mai 2011 und erschien seitdem für zahlreiche Plattformen, darunter PC, iOS, Android, Switch, PS4, Xbox One, 3DS, Vita und einige mehr.

Terraria lässt sich am besten als Mischung aus Metroid und Minecraft bezeichnen – es ist komplett in 2D gehalten.

2020: Nvidia-KI entwickelt neues Pac-Man

Passend zum 40-jährigen Jubiläum von Pac-Man ließ Nvidia eine neue Version des Spiels entwickeln – das aber nicht von einem Team bestehend aus Menschen, sondern von einer KI.

Die nennt sich Nvidia GameGAN und wurde mit 50.000 Pac-Man-Durchgängen gespeist, um daraus ein voll funktionsfähiges Spiel zu entwickeln. Das Ganze wurde mittels Reverse Engineering realisiert. Das entwickelte Spiel soll im Laufe des Jahres via AI Playground angeboten werden.

„GameGAN ist das erste neuronale Netzwerkmodell, das die Engine eines Computerspiels nachahmt, indem es sogenannte Generative Adversarial Networks (GANs) einsetzt", erklärt Nvidia. *„GAN-basierte Modelle bestehen aus zwei konkurrierenden neuronalen Netzen, einem Generator und einem Diskriminator. Sie lernen, neue Inhalte zu erstellen, die überzeugend wie das Original sind."*

„GameGAN kann den kreativen Prozess für Spieleentwickler beschleunigen, da es zur automatischen Generierung von Layouts für neue Spielebenen verwendet werden kann. KI-Forscher können GameGAN dazu verwenden, um Simulationssysteme für das Training autonomer Maschinen einfacher zu entwickeln. Hier kann die KI die Regeln einer Umgebung lernen, bevor sie mit Objekten in der realen Welt interagiert."

2020: Audi feuert Rennfahrer wegen virtuellem Rennen

Daniel Abt, Sohn des Gründers der gleichnamigen Tuning-Firma ABT, Formel-E-Rennfahrer und Youtuber, wurde aufgrund eines „Jokes" in einem virtuellen Rennspiel von Audi aus dem offiziellen Formel-E-Team gekickt.

Dabei ging es um ein virtuelles Rennen der sogenannten Race at Home Challenge in rfactor 2, an der Daniel schon häufiger teilnahm. Als er dann an diesem einen Wochenende fuhr, stellte er so gute Rundenzeiten auf, dass so mancher verwundert war. Wie sich am Ende herausstellte, heuerte er den Profi-Sim-Fahrer Lorenz Hörzing an, der Daniel inoffiziell vertrat.

Das Ganze wurde über die Medien breitgetreten und landete letztendlich auch bei Audi auf dem Tisch, was für Daniel weitreichende Folgen hatte. Seine Formel-E-Karriere - zumindest bei Audi - musste er an den Nagel hängen. Ob sich das wieder ändern wird, wird die Zeit zeigen. (Stand des Buchs Mai 2020).

Daniel gab anschließend in einem Video mehr Hintergrundinformationen und meinte, dass das Ganze eher eine Art Scherz war und vorher etwa in einem Livestream quasi angekündigt und angedeutet wurde. Am Ende sollte alles aufgelöst werden.

„Und in diesem Stream und an diesem Tag kam aus einer Unterhaltung die Idee, dass es doch 'ne lustige Aktion sein könnte, wenn ein Sim-Racer quasi für mich fährt und den anderen realen Fahrern vielleicht auch ein bisschen zeigt, was er drauf hat. Wir das Ganze wiederum dokumentieren und daraus eine lustige Story für die Fans kreieren", so Daniel.

2020: Ubisoft-Spiel versehentlich bei Google Stadia veröffentlicht

Nachdem Ubisofts Gods and Monsters im Rahmen der PS5-Ankündigung neue Aufmerksamkeit erhielt, wurde das Spiel versehentlich via Google Stadia veröffentlicht. Und das, obwohl das Spiel zu dem Zeitpunkt noch lange keinen Termin hatte und sich nach wie vor in Entwicklung befand.

Dabei bot Stadia eine frühe Version von Gods and Monsters an, die unter dem Codenamen Orpheus von Nutzern gespielt werden konnte. Erfreut war Ubisoft natürlich nicht und Stadia entschuldigte sich daraufhin.

Ubisoft zufolge handelte es sich dabei um eine Version aus der Zeit der E3 2019, die damals auserwählten Pressevertretern vorgestellt wurde. Ubisoft Quebecs Marc-Alexis Cote sagte dazu gegenüber Eurogamer: *„Seitdem hat sich viel geändert in Bezug auf Features, Ton, Kunst und Charakter-Design und sogar den Namen des Spiels. Wir arbeiten hart und freuen uns sehr, den Spielern zum Ende des Sommers endlich zu zeigen, was wir geschaffen haben."*

Stadia hingegen meinte: *„Einige hundert Spieler konnten es weniger als 30 Minuten lang spielen. Wir entschuldigen uns bei unseren Partnern bei Ubisoft für diesen Fehler."*

SNES soll Kinder vor dem Rausgehen hindern

Klingt im ersten Augenblick komisch, doch dahinter steckt ein ernstes und aktuelles Thema: die große Pandemie im Jahr 2020.

Um japanischen Kindern einen Anreiz zu geben, während der Pandemie lieber zuhause zu bleiben, verschenkte die Japan Retro Game Association Super-Nintendo-Konsolen an 100 Haushalte.

Passend dazu gab es noch Spieleklassiker, etwa Donkey Kong Country und Final Fantasy VI.

Die Konsolen waren natürlich nicht neu und optisch dem Alter entsprechend, teilweise stark vergilbt. Allerdings wurden sie vorher aufbereitet und getestet.

Um eine solche Konsole zu erhalten, gab es bestimmte Voraussetzungen. Einerseits musste ein Formular ausgefüllt werden und andererseits mussten die Versandkosten übernommen werden. Darüber hinaus gingen die Konsolen, die mittels Losverfahren ihre Besitzer wechselten, nur an Haushalte mit Kindern unter 16 Jahren.

Warum Zeldas Link auch heute noch stumm ist

Auch im Jahr 2020 und darüber hinaus ist nicht zu erwarten, dass Link in The Legend of Zelda jemals vertont wird. Doch warum eigentlich?

Nintendos Eiji Aonuma sprach mit Polygon vor einiger Zeit über die Sprachausgabe in The Legend of Zelda: Breath of the Wild und meinte, dass er mit dieser vor allem einen bleibenden Eindruck bei den Spielern hinterlassen wollte.

„Es ist wirklich schwierig, nur durch Text einen Eindruck bei den Spielern zu hinterlassen. Es ist nicht so, dass wir alles vertont haben. Es gibt jedoch diese Momente, in denen ich bei den Nutzern einen Eindruck hinterlassen möchte. Und dort füge ich Sprachausgabe hinzu", so Aonuma.

Mit „nicht alles vertont" ist unter anderem Link gemeint, der in allen bisherigen Zelda-Spielen keinen Ton zu sagen hat. Und das hat auch einen bestimmten Grund: *„Würde Link etwas sagen, mit dem die Spieler nicht übereinstimmen, dann geht diese Beziehung zwischen beiden verloren. Daher habe ich mich dagegen entschieden."*

Assassin's Creed: warum der Schöpfer keine Ubisoft-Spiele mehr spielt

Patrice Désilets, der Schöpfer der Assassin's-Creed-Reihe, steht Ubisoft mit gemischten Gefühlen gegenüber. Sein letztes Ubisoft-Spiel spielte er im Jahr 2012 - und das war Assassin's Creed 3. Mit den Spielen des Unternehmens scheint er abgeschlossen zu haben.

„Ich bin nicht die richtige Person, die man fragt, was sie von Ubisoft-Spielen hält. Ich habe seit 2012 kein Ubisoft-Spiel mehr gespielt. Ich spielte die ersten zwei Stunden von Assassin's Creed 3, mehr nicht", so Désilets.

Weiter sagte er: *„Bei allem Respekt, ich liebe Ubisoft sehr, doch ich kann ihr Logo nicht mehr auf meinem TV-Bildschirm sehen. Es fühlt sich zu persönlich an. Das ist meine Schwäche. Ich bin zu persönlich."*

Verübeln kann man es ihm nicht, denn nach seiner Arbeit an Assassin's Creed 1 +2 und Brotherhood als Creative Director verließ er Ubisoft, um bei THQ Montreal einzusteigen. Dort arbeitete er an dem Projekt 1666: Amsterdam. Das Studio wurde 2013 von Ubisoft übernommen, nur wenige Monate später wurde Désilets gekündigt. Die Rechte erhielt er wieder zurück.

Zu seinem ersten Ausstieg bei Ubisoft sagte er: *„Ich würde sagen, dass ich eine geistige Krise hatte. All diese Jahre zum selben Gebäude zu kommen, mit den gleichen Leuten, jeden Tag, forderte seine Opfer. Ich wollte kreativ sein, doch ich arbeitete plötzlich in einem Amt. All diese Freude an etwas Frischem und Neuem war weg. Ich hatte eine Familie, doch ich sah sie nie. Tief in mir war ich aufgrund mehrerer Gründe unglücklich."*

Die Rekorde von Metal Gear Solid

An dieser Stelle bekommt Ihr einen kleinen Blick auf die Rekorde von Kojimas Reihe, die Metal Gear Solid in den Jahren seit dem ersten Teil aufgestellt hat.

Wusstet Ihr zum Beispiel, dass Metal Gear aus dem Jahr 1987 das erste Konsolenspiel war, das die Stealth- bzw. Schleich-Mechanik einsetzte? Zwar gab es bereits vorher Spiele, in denen Elemente wie das Verstecken oder auch Verkleiden genutzt wurden, doch Metal Gear setzte als erstes Spiel voll und ganz auf diese Elemente. Damit wurde also quasi das Stealth-Sub-Genre erschaffen.

Metal Gear Solid 2: Sons of Liberty war laut der „Guiness World Records: Gamer's Edition" das erste Stealth-Spiel mit einer „kollektiven Intelligenz". Die Wachen konnten dadurch als Team agieren und sogar abseits des Bildschirmbereichs kommunizieren. Auch der erste interaktive, digitale Comicroman geht an Metal Gear: 2006 wurde Metal Gear Solid: Digital Graphic Novel für die PSP veröffentlicht.

Das erste PSP-Spiel, das Wi-Fi-Hotspots nutzte, war Metal Gear Solid: Portable Ops. Damit konnten Spieler neue Bonus-Features herunterladen, wie etwa zusätzliche Charaktere.

Und auch Metal Gear Solid 4: Guns of the Patriots hält Rekorde: einmal für „Longest cutscene in a videogame" mit 27 Minuten und einmal „Longest sequence of cutscenes in a videogame" mit 71 Minuten.

Solid Snake und Stanley Kubricks 2001: A Space Odyssey

Die Reihe Metal Gear hat einige Verbindungen zu Stanley Kubricks Kultfilm 2001: A Space Odyssey. So wurde beispielsweise Protagonist Solid Snake nach der Filmfigur David Bowman benannt.

Denn wie Fans der Reihe inzwischen wissen dürften, ist Snakes echter Vorname David. Ebenfalls Hal Emmerichs Name - bekannt als Otacon - ist eine Anspielung auf den Film bzw. auf den Supercomputer HAL 9000.

So existiert in Metal Gear Solid sogar eine Konversation zwischen Solid Snake und Hal Emmerich bzw. Otacon, die ebenso eine Anspielung an den Film darstellt.

Snake: *"My real name is David, Otacon.*
Otacon: *"I'm Hal, Dave."*
Snake: *"Oh, that's right... Hal. Hal and Dave? That's a good one."*
Beide: *"Ha ha ha ha ha..."*
Snake: *"Maybe we should take a trip to Jupiter..."*

Nissan Leaf: Auto mit Achievement-System

Der Nissan Leaf ist ein Elektroauto, das ein Achievement-System bzw. ein „Spiel" namens CARWINGS besitzt. Das Ziel: mit möglichst wenig Energie, möglichst weit kommen.

Je sparsamer der Fahrer also ist, desto größer ist seine Chance auf ein Achievement bzw. eine Auszeichnung, so wie man sie von Spielen auf Konsolen, PC und Smartphone kennt.

Das System misst dabei die für eine bestimmte gefahrene Strecke verbrauchte Energie, errechnet Durchschnittswerte und vergleicht sie mit anderen Leaf-Fahrern. Dadurch kann man sich also mit anderen Fahrern messen und steht in direktem Wettbewerb mit diesen.

Die Idee ist letztendlich, dadurch eine möglichst energiesparende Fahrweise bei den Fahrern zu erreichen. Seit 2010 wird der Nissan Leaf produziert und war bis Ende 2019 sogar das weltweit meistverkaufte Elektroauto.

Portals „the cake is a lie" und die Geister

Der TV-Sender KJRH-TV veröffentlichte 2013 eine kleine Reportage über Geisterjäger mit dem Titel Sooner Paranormal of Oklahoma. Darin wird das Kamerateam durch ein altes Haus geführt, wobei es später auf eine Tafel mit der großen Aufschrift „the cake is a lie" trifft.

Spieler wissen natürlich, was es damit auf sich hat: Valves Portal. So meinte der Nachrichtensender schließlich, dass es eine Person oder ein „Etwas" geschrieben haben muss. Oder mit anderen Worten eben: ein Geist. Laut der Reportage bedeute dieser Spruch historisch (!) gesehen, dass eine versprochene Belohnung niemals ausgehändigt wurde, so dass man also zu dem Schluss kam, „jemand hier unten" scheine nicht gerade glücklich zu sein.

Spieler wiesen Sooner Paranormal of Oklahoma dann darauf hin, dass es sich bei „the cake is a lie" um einen bekannten Satz aus einem Spiel handelt. Es regnete zahlreiche Kritik, auf die die Geisterjäger auch reagierten und deutlich machten, dass der Sender wohl einige Dinge hinzudichtete. Man selbst wisse natürlich, woher „the cake is a lie" komme. Man habe zu keiner Zeit behauptet, „the cake is a lie" habe eine paranormale Ursache.

Auf der eigenen Facebook-Seite schrieb das Team schließlich aber noch, dass der Zeitrahmen ungewöhnlich sei, an dem der Satz „the cake is a lie" auf der Tafel auftauchte: er wurde zwei Jahre vor der Veröffentlichung von Portal auf die Tafel geschrieben. Ok, vielleicht doch etwas gruselig.

Amiga 2000 steuert seit 1985 Klimaanlage an 19 US-Schulen

Bereits seit 1985 steuert ein Amiga 2000 an insgesamt 19 US-Schulen die Klimaanlage sowie die Heizung von Grand Rapids (Michigan) aus, wie der TV-Sender Wood-TV 2015 berichtete.

Anfang der Achtziger wurde das Gerät angeschafft, um wiederum einen Computer zu ersetzen, der die Größe eines Kühlschranks hatte. Wie es heißt, könne der Amiga 2000 beispielsweise Kessel starten und stoppen, ebenso wie Lüfter, Pumpen und Co. Auch stellt er Temperaturen und so weiter dar.

Programmiert wurde das System dahinter damals von einem Studenten, der in der Umgebung wohnt und bei Problemen auch heute noch helfen kann.

Laut GRPS Maintenance Supervisor Tim Hopkins würde das System eine Funkfrequenz einsetzen, die ein Signal an die jeweiligen Schulen weitergebe und innerhalb weniger Sekunden den Status der Gebäude empfange. Problematisch sei nur, dass der Computer die gleiche Funkfrequenz wie einige Walkie-Talkies der Instandsetzungsabteilung nutze. Und das behindere das Ganze im Grunde ein wenig, was aber mit etwas Aufwand zu beheben ist.

Sollte der Computer eines Tages den Geist aufgeben, so müsste jemand alle Systeme händisch steuern. Ein neues, aktuelleres System wäre ziemlich teuer: zwischen 1,5 bis 2 Millionen US-Dollar würde das kosten.

Schloss von Prinzessin Peach wäre in der Realität eine teure Investition

Was würde wohl das Schloss von Prinzessin Peach in der Realität kosten? Die Webseite movoto.com versuchte sich 2013 an der Zusammenrechnung.

Zur Berechnung hergenommen wurde das Schloss aus Super Mario 64 mit seinen 453.060 Quadratfuß bzw. 42 090.6513 m². Nun muss man die Überlegung anstellen, welche Region in der Realität vergleichbar mit der Lage des Schlosses im Pilzkönigreich sein könnte.

Es liegt neben reichlich grünenden Wiesen, in der Nähe befinden sich Berge und Hügel sowie Wasserfälle, und die Tage sind lang und sonnig. Und natürlich gibt es dort auch Pilze. Somit kam Movoto auf Oslo in Norwegen, das ganz ähnlich erstrahlt.

Die Seite konnte nicht ausfindig machen, was ein Quadratfuß in der Region kostet, weshalb man sich die luxuriösen Immobilien anschaute. So kam man zu dem Schluss, dass das Schloss der Prinzessin in Oslo 2,099 US-Dollar pro Quadratfuß kosten würde.

Das also zusammengerechnet ergebe einen Gesamtwert von 950.972.940 US-Dollar. Nicht in diesem Preis einberechnet sind Dinge wie der Schlossgraben, das Grundstück und die Gemälde.

Warum 2D-Mario beliebter als 3D-Mario ist

Es gibt zwei Arten von reinen Mario-Jump'nRuns: einmal die in 2D und einmal die in 3D. Beide Arten stehen jeweils für sich und kommen nach wie vor bei den Fans äußerst gut an. Doch am Ende sind es die 2D-Titel, die sich besser verkaufen und mehr Anklang finden.

Doch warum ist das so? Spielt hier ein gewisser Nostalgiefaktor eine Rolle? Kann man diesen aber überhaupt anrechnen, wo doch vor allem auch viele jüngere Spieler und „Casual-Spieler" die 2D-Marios den 3D-Ablegern den Vortritt geben?

Produzent Masataka Takemoto ist da etwas anderer Meinung und glaubt die Antwort darauf zu kennen. Demnach würden viele Spieler mit den 3D-Abenteuern so ihre Probleme haben oder sich zumindest schwer damit tun, den dicken Klempner (und auch andere Figuren in 3D-Spielen) in einer dreidimensionalen Umgebung zu steuern.

Es liege nicht daran, dass ein Spiel besser als das andere sei, sondern die Leute würden mit einer 3D-Steuerung weniger gut zurecht kommen, als mit den 2D-Mechaniken. Und daher glaubt er, dass die 'New Super Mario Bros.'-Reihe auch besser angenommen werde, weil sie den Spielern einfacher erscheine.

Diese Aussage stammt von 2012. Man muss dabei hervorheben, dass sich Super Mario Odyssey mit gut 18 Millionen verkauften Einheiten (Stand Mai 2020) ganz vorn befindet. Und das ist immerhin 3D. Das 2D-Abenteuer New Super Mario Bros. Deluxe U liegt da gerade mal bei 7 Millionen. Fairerweise gilt anzumerken, dass es auch schon für die Wii U erschien und eine Neuauflage darstellt.

Castlevania-Fakten

- Gabriels Outfit in Castlevania: Lords of Shadow orientiert sich am auf dem Cover des NES-Spiels Simon's Quest zu sehenden Kleidungsstück.
- Guillermo Del Toros Arbeit hatte großen Einfluss auf die 'Lords of Shadow'-Reihe.
- Wer das NES-Spiel Castlevania III: Dracula's Curse mit dem Charakter Trevor Belmont absolviert, wird in der Schlussszene Zeuge der Hochzeit zwischen Trevor und Sypha Belnades. In Mirror of Fate ist Trevor ebenfalls mit Sypha Belnades verheiratet.
- In der japanischen Version von Castlevania: Lords of Shadow leiht Hideo Kojima den Chupacabras seine Stimme.
- In der japanischen NES-Version des Originals lässt sich der Spielstand speichern. Diese Funktion wurde für die internationale Fassung entfernt.
- Der legendäre Konami Code, der erstmals im Spiel Gradius (1985) zum Einsatz kam, ist in den ersten Castlevania-Spielen (ab 1986) nicht enthalten. Erst in der Game-Boy-Version Kid Dracula (1993) konnte man den Konami-Code erstmals verwenden, wobei das Spiel dabei nur „Sorry, that won't work" ausspuckt.

Warum ist Super Mario überhaupt mollig?

Während in Spiel und Film die Superhelden muskelbepackt und Schönlinge sein sollen, ging Nintendo mit Super Mario in den Achtzigern völlig andere Wege. Grob betrachtet hat sich bis heute nichts geändert.

Noch immer trägt er einen Schnurrbart, noch immer ist er ein Klempner und noch immer weigert er sich, eine Diät zu machen. Doch warum ist Mario überhaupt so mollig?

Ähnlich wie bei der Mütze und seinem Schnurrbart, ist es auch sein Umfang, der aus technischen Gründen integriert wurde. Laut Shigeru Miyamoto wurde Mario einfach an die damalige Technik angepasst und nicht, um ihn niedlich darzustellen.

Die Auflösung war niedrig und die damaligen Spieleplattformen konnten nur Kollisionen zwischen Quadraten erkennen. Das sei auch der Grund, weshalb er Mario etwas üppiger gestaltete. Die heutigen Konsolen hingegen können Kollisionen zwischen runden und unregelmäßigen Formen erkennen.

Rapper Sido verdankt seinen Erfolg auch der PlayStation

Wie Sido einmal in einem Interview mit der Online-Talkshow Clixoom.de verriet, wäre er ohne der ersten PlayStation vielleicht nicht zu dem geworden, was er heute ist.

Er schnappte sich nach eigenen Angaben ein Musikprogramm auf der Konsole und generierte so die Sounds für seine Lieder.

„Damals, als ich anfing und ich keine finanziellen Mittel hatte, habe ich meine Beats auf der PlayStation gemacht. Es gab ein Programm auf der PlayStation, das hieß Music Maker. Da blieb nicht viel übrig, als die Sounds zu nehmen, die der Music Maker geboten hat und die waren alle citylastig, also alle sehr elektrisch. Dann dachten wir, ok, dann kreieren wir eben einen neuen Style, wir machen das Electrolastige", so Sido in einem Interview mit Clixoom-Talkmaster Christoph Krachten.

Mann mit Vornamen Wii lebt dank Nintendo glücklicher

Manchen dürfte die Vorstellung der Wii-Konsole noch gut in Erinnerung sein, denn sie wurde damals unter dem Namen Revolution angepriesen. Für reichlich Bauchschmerzen unter den Fans sorgte kurz danach die Ankündigung des finalen Namens Wii, der sich letztendlich doch erfolgreich durchgesetzt hat.

Ein in New York aufgewachsener Mann musste sein Leben lang herbe Rückschläge einstecken, nicht zuletzt wegen seines Namens. Eines Tages, im Jahr 2006, schrieb ihm sein Bruder eine E-Mail, in der stand: *„Holy sh*t, das neue Nintendo-System heißt so wie du."*

Unglaublich, aber wahr: Der Mann heißt im echten Leben Wii Yatani und war zur damaligen Ankündigung 26 Jahre alt. Er führt, laut der Aussagen damals, dank der Namensgebung ein glücklicheres Leben, da ihn die anderen Leute nun mehr respektieren und entgegenkommen würden. Jeglicher Kontaktversuch zu Nintendo schlug jedoch fehl.

Mann sorgte in Krankenhaus wegen Silent Hill für Stromausfall

Die Silent-Hill-Reihe dürfte den meisten Zockern bekannt sein. Silent Hill bietet nicht nur Schock- und Action-Einlagen, sondern auch einige Rätsel. Die Rätsel können den Spieler mitunter je nach Schwierigkeitsgrad sehr fordern und anschließend in die Realität zurückverfolgen. So jedenfalls 2009 in den Niederlanden geschehen.

Der damals 35 Jahre alte Mann namens Jan H. lag im Krankenhaus und sorgte dort absichtlich für einen Komplettausfall des Stromes, so dass alle elektrischen Geräte nicht mehr funktionierten. Vor Gericht sagte er aus, er habe gedacht, er sei in dem Videospiel Silent Hill und müsse den Stromkreislauf in einem Rätsel unterbrechen, um an eine Zahnbürste zu kommen.

Als wäre das nicht schon kurios und unglaubwürdig genug, sprach ihn das Gericht sogar frei. Es hieß, dass man dem Mann glaube und bei ihm eine Psychose vermute. Daher musste er auch keine Strafe absitzen, sondern befand sich stattdessen in psychiatrischer Behandlung. Seine angebliche geistige Abwesenheit dauerte rund 45 Minuten, in der aber niemand zu Schaden kam.

Gearbox half Borderlands-Fan bei Heiratsantrag

Entwickler Gearbox war 2011 nicht nur mit der Fertigstellung von Duke Nukem Forever beschäftigt, sondern half dem Borderlands-Fan Ben auch bei einem Heiratsantrag. Er selbst und seine Freundin sind große Fans des Rollenspiel-Shooters.

Ben schaute mehrfach bei Gearbox vorbei (wohnt dort in der Nähe) und stellte zusammen mit dem Team und CEO Randy Pitchford in einer Woche ein Video zusammen, in dem der aus Borderlands bekannte Claptrap auftauchte und den Heiratsantrag mehr oder weniger verkündete.

Ben lud seine Freunde unter dem Vorwand ein, exklusiv den ersten Trailer von Borderlands 2 zu zeigen. Es kam allerdings alles anders, vor allem zur Überraschung seiner zukünftigen Frau. Spoiler: sie hat Ja gesagt.

Hoch das Röckchen: SEGAs Videospiele für Männer auf japanischen Toiletten

2011 installierte SEGA auf japanischen Männer-Toiletten erste Prototypen der sogenannten SEGA Toylet, die noch heute zum Einsatz kommt. Dabei setzen sie auf Videospiele, die direkt über dem Urinal installiert werden. Da die Japaner während ihres kleinen Geschäfts aber keine Hände frei haben, kommen Sensoren im Inneren des Beckens zum Einsatz.

Die Sensoren werden durch den Urinstrahl gefüttert, so dass man letztendlich durch diesen die Spiele steuert. So gibt es etwa ein Spiel, in dem man mit seinem Urinstrahl Graffiti entfernen muss. In einem anderen Spiel geht es um Wettkämpfe mit Sumoringern.

Doch so wirklich „typisch japanische Männer" ist nur eines der Spiele, bei dem die Herrschaften reihenweise Schlange stehen dürften. In dem Spiel „The Northern Wind, The Sun and Me" steuert man mit seinem Urinstrahl einen Windstoß, der wiederum den Rock einer jungen Dame nach oben bläst. Und es existiert sogar ein Multiplayer-Spiel namens „Battle! Milk From Nose", in dem man sich mit dem vorherigen Nutzer messen kann.

Atari vergrub 4 Mio. E.T.-Spiele in der Wüste, wurden 2014 wieder ausgegraben

Jahrzehnte lang war das Ganze ein Mythos: 1982 brachte Atari für den Atari 2600 ein Spiel passend zum Film E.T. – Der Außerirdische heraus, das als eines der schlechtesten Spiele aller Zeiten gilt.

Etwa 5 Millionen Exemplare ließ das Unternehmen produzieren und blieb am Ende auf rund 3,5 bis 4 Millionen sitzen, die niemand haben wollte. Dem Mythos nach verscharrte Atari die verbliebenen Spiele in der Nähe von Alamogordo, New Mexico.

Noch bis 2014 war unklar, ob an der ganzen Sache überhaupt etwas dran war. In den Achtzigern gab es nur ein paar Zeitungsberichte (darunter die New York Times sowie die örtliche Tageszeitung) und Interviews dazu. Atari selbst wollte das nie bestätigen und redete eher um den heißen Brei herum.

Um diesen Mythos zu lüften, machte sich das Studio Fuel Industries 2013 / 2014 auf die Suche und drehte eine Dokumentation. Später kam auch Microsoft unterstützend dazu – alles passierte mehr oder weniger passend zum 30-jährigen Jubiläum.

Am Ende wurden tatsächlich vergrabene Module gefunden, wenn auch nicht Millionen. Der Mythos ist also wahr. Einige der ausgegrabenen E.T.-Module landeten bei eBay, 700 der Module gingen an das New Mexico Museum of Space History, 100 an Lightbox und Fuel Entertainment. Wer mehr darüber erfahren will, kann sich die Dokumentation Atari: Game Over anschauen.

Pac-Man-Schöpfer ließ sich von Pizza inspirieren

Am 22. Mai 2020 wurde die Kultfigur Pac-Man 40 Jahre alt. Alles begann auf der Bildröhre eines Videospieleautomaten, wo ein kleiner, gelber und gefräßiger Pixelhaufen durch ein Labyrinth gesteuert werden muss, um kleine Punkte zu verschlingen. Währenddessen wird Pac-Man von Gespenstern verfolgt.

Das Spielprinzip ist einfach und erreichte in nur kurzer Zeit Kultstatus. Auch heute noch werden Pac-Man-Spiele veröffentlicht - der kleine Racker ist aus der Welt der Spiele nicht wegzudenken.

Doch wie kam dessen Schöpfer Tōru Iwatani überhaupt auf die Idee bzw. das Design von Pac-Man? Er ließ sich nach eigenen Aussagen von dem Anblick einer runden Pizza inspirieren, bei der einfach ein Stück fehlte.

Und nicht nur das: Pac-Man, bzw. Puck Man, wie er in Japan anfangs hieß, ist eine Anlehnung an das japanische Wort paku paku. Und das bedeutet in etwa soviel wie „den Mund beim Essen auf- und zumachen".

Mario trug am Anfang eine Waffe

In einem Interview mit dem japanischen Magazin Famitsu verriet Shigeru Miyamoto, dass Super Mario ursprünglich eine Pistole trug. Dabei war das Kontrollschema so ausgelegt, dass man mit dem A-Button mit der Pistole schießen, mit dem B-Button rennen und mit einem Druck nach oben auf das Steuerkreuz springen konnte.

Sie dachten auch über einen Shoot-'em Up-Level nach, in dem Mario auf Wolken schweben und Gegner erschießen sollte. Allerdings wurde das später wieder verworfen, da sich Nintendo mehr auf die Jump&Run-Einlagen konzentrieren wollte. Die dann doch integrierten Bonus-Levels im Himmel stellen den Rest dieser Idee dar.

Letztendlich beschloss Nintendo die Pistole mit Feuerbällen auszutauschen, was sicherlich die beste Entscheidung war, die sie je getroffen haben. Miyamoto sprach aber auch das erste Power-Up an und wie er dazu inspiriert wurde. Der erste Prototyp von Super Mario zeigte nicht viel von der Welt, was bei den Leuten nicht gut ankam. Sie wollten einfach mehr von der Spielwelt sehen, Nintendo aber wollte Mario nicht kleiner machen.

Also entschieden sie sich die Welt basierend auf einem kleinen Mario nachzubauen und ihn anschließend größer zu machen. Das war der Moment, in dem die Idee mit Super Mario geboren wurde, also wo der kleine Mario durch ein Item größer wird. Und auf dieses Item ist Nintendo durch Leute in Volksmärchen gekommen, die in den Wald gehen und ständig Pilze essen. Also wurde die Spielewelt Pilz-Königreich genannt und ein Pilz machte Mario größer.

Wie ein Arbeitstag von Shigeru Miyamoto aussieht

Habt ihr euch schon immer einmal gefragt, was Shigeru Miyamoto den ganzen Tag auf Arbeit anstellt? Immerhin erschuf er unter anderem Figuren wie Mario, Donkey Kong sowie Zelda / Link und lässt seine Kreativität in vielen aktuellen Spielen mit einfließen. Er hat also viel zu tun.

Laut Miyamoto lässt sich sein Arbeitstag so am besten beschreiben: *„Kontinuierlich Spiele spielen, ihre Inhalte untersuchen und meine Meinung mit den Entwicklern teilen."* Dabei steckt er seine meiste Arbeitszeit in das Spielen.

Häufig spielt er zehn verschiedene Spiele gleichzeitig (natürlich nacheinander), im Jahr hochgerechnet beschäftigt er sich aber mit drei Spielen besonders intensiv. Das sind dann solche Megakracher wie The Legend of Zelda, wo jeder Handgriff sitzen muss.

Er schreibt sich seine Eindrücke von dem jeweiligen Spiel immer als Checkliste auf und geht damit sofort zu dem jeweiligen Director des Titels. Hier versucht er dann alles ganz genau zu beschreiben und seine Gründe möglichst verständlich darzulegen.

Und wenn er dann mal wieder Überstunden macht, spielt er am Ende bis zu 10 Stunden.

Schadete Nintendos Virtual Boy der VR-Industrie? | Erstes LED-Display für Endverbraucher

Schadete Nintendos gescheiterter Virtual Boy der VR-Industrie? Dieser Ansicht ist jedenfalls Oculus-Gründer Palmer Luckey.

Denn auch wenn die Konsole Virtual Boy heißt und es wie ein VR-Headset aussieht, so handelt es sich im Grunde nicht um ein solches. Das sei Luckey auch mit ein Grund, warum der Virtual Boy dem VR-Markt in gewisser Weise geschadet habe.

„Er bietet kein Head-Tracking, hat ein geringes Sichtfeld und war eigentlich ein monochromer 3D-TV", so Luckey. Er bezeichnet den Flop der Konsole als eine *„echte Schande, weil die Verbindung des Virtual Boy mit Virtual Reality der Industrie langfristig geschadet"* habe.

Immerhin fand er auch positive Worte: *„Er hatte das erste LED-Display in einem Produkt für Verbraucher und bis zu dem Punkt wahrscheinlich den besten Kontrast eines Displays."*

Der Virtual Boy kam 1995 in Japan und den USA auf den Markt und war ein totaler Flop. Zwar sorgt er für einen echten 3D-Effekt, doch die Technik hat so ihre Tücken und das Spieleangebot ist ziemlich begrenzt. Einer der Haken: das Bild wird nur in Rottönen in verschiedenen Nuancen dargestellt. Zudem sorgt er bei einigen Spielern für Unwohlsein und Kopfschmerzen, sofern sie länger spielen. Später wollte Nintendo bei einer verbesserten Version auf farbige LEDs setzen, doch die Pläne wurden nie umgesetzt. So oder so gibt es einige Leckerbissen für den Virtual Boy, wie etwa Wario Land und Marios Tennis.

Sonys Walk of Game

Wahrscheinlich jeder kennt den berühmten Walk of Fame in Hollywood, auf dem regelmäßig seit Ende der 1950er Stars und Sternchen mit Sternen auf dem Gehweg geehrt werden.

Ein solches Pendant für die Spieleindustrie stellte Sony im Jahr 2003 vor, wodurch sich derartige Sterne im Metreon in San Francisco befinden. Spielfiguren, aber auch Entwickler und Spiele selbst sollten dort geehrt werden.

Am Ende kamen aber nur eine Handvoll davon zusammen, da das Metreon im Jahr 2006 verkauft wurde und es seitdem keine Bemühungen mehr in der Richtung gab.

Wer dem Metron einen Besuch abstattet, findet dort die Sterne von Shigeru Miyamoto, Nolan Bushnell, John Carmack und Sid Meier.

Aber auch die Figuren Link, Mario, Sonic und Lara Croft wurden geehrt. Zudem sind Halo: Kampf um die Zukunft, EverQuest Final Fantasy und StarCraft als Spiele vertreten.

Konami verliert Original-Quellcode von Silent Hill

Als Konami die Neuauflage Silent Hill HD Collection im Jahr 2012 veröffentlichte, sorgten vor allem die teilweise gravierenden Bugs für verärgerte Spieler. Dadurch gab es in den USA sogar teilweise einen Verkaufsstopp. Wie Senior Associate Producer Tomm Hulett damals einräumte, nutzte man alten, unvollständigen Quellcode für die Entwicklung der Neuauflage.

Grund für diese Entscheidung war aber nicht einfach eine Laune der Entwickler, sondern Konami hatte tatsächlich die Quellcodes der beiden Originale Silent Hill 2 und Silent Hill 3 verloren. Also musste das Team auf älteren Code ausweichen, welcher unfertig war und entsprechende Bugs hatte.

„Wir haben den kompletten Quellcode von Konami erhalten - was jedoch nicht die finale Release-Version des Spiels war, wie sich später herausstellte. Während der Debug-Phase mussten wir also nicht nur mit den erwarteten Portierungs-Bugs kämpfen, sondern auch mit einigen, die das damalige Entwickler-Team eigentlich schon vor dem Release der Originale entfernte, und die wir bisher nicht gesehen haben", sagte er.

Robin Williams und seine Videospiel-Leidenschaft

Der verstorbene US-Schauspieler Robin Williams (Good Morning Vietnam, Good Will Hunting) hatte eine gewisse Leidenschaft für Videospiele und zeigte das auch bei der Geburt seiner Kinder: beide tragen die Namen von Videospiel-Figuren.

Vor allem Call of Duty hatte es ihm im Multiplayer angetan, das er häufig online spielte. In der Late-Night-Show von Jimmy Fallon witzelte er einmal, dass wenn er auf 10-jährige Spieler traf und sie ihn abschossen, sie dann ins Mikro schrien: *„You're my bitch. Hey old man, I own your ass."* Er spielte auch gerne mal in der Nacht und traf auf internationale Spieler, die er durch die Maps dirigierte.

Robin Williams begann mit dem Spielen, als die ersten Videospielkonsolen auf den Markt kamen. Besonders Zelda habe er laut eigenen Angaben sehr oft gespielt. Aus genau diesem Grund wurde seine Tochter nach Prinzessin Zelda benannt. Aber auch sein Sohn Cody trägt den Namen eines Videospiel-Charakters. Leider wollte er nicht genauer darauf eingehen. Es existiert etwa ein Cody in Street Fighter.

In der Vergangenheit traten Robin und Zelda in mehreren Werbespots auf, darunter von Nintendo bzw. The Legend of Zelda.

Einen Monkey-Island-Grog bitte

2009 wurde ein argentinischer TV-Sender von Monkey-Island-Fans veräppelt, der das Ganze ziemlich ernst nahm und einen warnenden Bericht daraus formte.

Ein paar Fans ließen dem Sender C5N eine E-Mail über ein neues Mode-Getränk namens Grog XD zukommen. Grog? Da klingelt doch was. Und spätestens beim Zusatz XD sollte man sich verarscht vorkommen.

Doch Grund für die Berichterstattung war anscheinend das für Außenstehende lebensgefährliche Rezept, das die Jugendlichen mitschickten. Um einen Grog zu mixen, müssen unter anderem Zutaten wie Rum mit Aceton, SCUMM, Kerosin, Schwefel- und Batteriesäure vorliegen.

Zu der Berichterstattung wurde der Arzt Dr. Alberto Cormillot hinzugezogen. Bei seiner Internetrecherche über Google habe er herausgefunden, dass sich hinter SCUMM ein Lieferservice für Alkohol verbirgt. SCUMM (Script Creation Utility for Maniac Mansion) hat natürlich nichts mit Alkohol zu tun, sondern dient als Motor für die klassischen LucasArts-Adventures.

Übrigens berichtete C5N weiter, dass sich die Regierung mit Besitzern von verschiedenen Nachtclubs in Verbindung setzen wird, um das Problem von Grog XD anzugehen. Ob Nachtclubs wirklich einen Grog aus Monkey Island servieren würden? Immerhin frisst sich das Zeug durch Gläser und andere Behälter.

Defiance: Das Spiel, das gleichzeitig eine TV-Serie ist

Das Projekt Defiance war ziemlich ambitioniert. Dabei handelt es sich nicht nur um ein Spiel, sondern ebenso um eine TV-Serie, wobei beides miteinander harmonisieren sollte.

Defiance ging im April 2013 als Serien-Spiel-Hybrid an den Start und vermischte beide Medien miteinander. Die Besonderheit war, dass die Serie und das Spiel Einfluss aufeinander nahmen. Was also im Spiel passierte, geschah auch in der TV-Serie – und andersherum.

So gab es beispielsweise ein Crossover-Event, bei dem Spieler eine Epidemie vernichten mussten, damit diese nicht in die TV-Serie übergreift.

Gut ein Jahr später wurde das MMO auf Free2Play umgestellt und kann auch heute noch (Stand 2020) gezockt werden. Was leider nicht mehr existiert, ist die TV-Serie mit neuen Staffeln. Die wurde nämlich 2015 eingestellt. Eine vierte Season wurde wegen der schlechten Einschaltquoten nie in Auftrag gegeben.

Schon damals gab Lead Designer Trick Dempsey zu verstehen, dass wenn die Serie eines Tages enden wird, das Spiel auf jeden Fall weiterlaufe.

Denn das Spiel könne auf eigenen Beinen stehen und auch für sich gesehen ziemlich gut laufen. So musste man damals immerhin neun Monate ohne die Serie auskommen, nachdem die erste Staffel endete.

Warum ist Cortana in Halo nackt?

Habt Ihr Euch schon einmal gefragt, warum Cortana in den Halo-Spielen immer nackt auftritt? Development Director Frank O'Connor hat darauf eine Antwort: *„Sie ist nicht wirklich nackt, da sie weder Kleidung noch Geschlechtsteile besitzt. Sie trägt quasi eine Art holografischen Body Stocking; das ist Einbildung."*

Und dadurch würde man also denken, dass sie nackt erscheint. Auf der anderen Seite hat es aber auch einen Grund, warum sie auf den ersten Blick nackt wirkt. AI-Charaktere wählen laut O'Connor selbst, wie sie in Erscheinung treten, um ihre Persönlichkeiten zu repräsentieren. Manche wählen eben auch Kleidung, doch Cortana sei keine herkömmliche AI.

„Im Fall von Cortana, sie ist ein wenig anders als andere AIs, da sie illegal von einem echten Menschenhirn geklont wurde. Und einer der Gründe, dass sie optisch so wirkt, ist, andere anzuziehen und Aufmerksamkeit zu erhaschen", heißt es weiter.

Sie soll mit ihrem Auftreten ablenken und hinhalten, um dabei immer die Oberhand in Gesprächen haben.

Donkey Kong Racing, das niedliche GTA

Nach dem Hit Diddy Kong Racing für das N64 versuchte sich Rare auch an einem GameCube-Rennspiel. Das trug den Namen Donkey Kong Racing. Doch Fans können sich möglicherweise glücklich schätzen, dass es niemals erschienen ist. Denn am Ende hatte es mit einem Kartracer nichts mehr zu tun, stattdessen ging es eher in die Richtung von Grand Theft Auto – nur in „niedlicher" Variante.

Die ursprüngliche Idee für den Titel war, den Spieler nicht mehr nur auf einen einzigen Tier-Charakter während der Rennen zu beschränken. Stattdessen hätte man zwischen mehreren und unterschiedlichen Tieren wechseln können. Größere Figuren sollten sich etwa durch Hindernisse schlagen, während kleinere Figuren viel besser hätten manövrieren können.

Später, als Rare von Microsoft gekauft wurde, erschuf das Unternehmen für die Xbox einen neuen Prototypen, für den man sich sehr stark von Grand Theft Auto 3 inspirieren ließ und Sabreman als Charakter integrierte. Sabreman ist der Held aus dem 'ZX Spectrum'-Adventure Sabre Wulf. Parallel dazu nannte man das Projekt in Sabreman Stampede um. Die Entwicklung dauerte ein weiteres Jahr, bevor sie schließlich eingestellt wurde.

Laut ehemaligem Lead Designer Lee Musgrave entwickelte sich aus Donkey Kong Racing am Ende ein „niedliches Grand Theft Auto, angesiedelt in Afrika". Sabreman Stampede ist kein unbekanntes Projekt - schon 2003 gab es Gerüchte, wonach aus Donkey Kong Racing jener Titel wurde.

State of Decay und die versteckten Penisse

Jahrelang beschützte das Zombie-Survival-Spiel State of Decay ein Geheimnis, von dem nicht einmal die Entwickler etwas wussten: viele Penisse. Ob man das noch als Easter Egg durchgehen lassen kann, ist fraglich.

Denn niemand von Entwickler Undead Labs integrierte diese Penis-Symbole, sondern freie bzw. externe Mitarbeiter, die sich einen Scherz erlaubten. Ursprünglich war das Studio einfach zu klein, um ein solches Projekt allein stemmen zu können. Also holte man sich Hilfe von außerhalb.

Wie Undead Labs' Designer Geoffrey Card damals erklärte, brachten die externen Arbeiter überall im Spiel kleine Penisse per Zeichnung ein. Aufgrund der niedrigen Auflösung des XBLA-Titels ging dies auch an der Qualitätssicherung vorbei.

Erst als die Year One Edition für die Xbox One mit Full-HD-Auflösung entwickelt wurde, bemerkten die Macher den kleinen Scherz der Auftragnehmer. Eine Zusammenarbeit für die Zukunft schloss man aus.

„Undead Labs war sich über die betreffenden Texturen nicht im Klaren, bis sie damit begannen, die Texturen für State of Decay: Year-One Survival Edition zu exportieren. Und jene sind in der ursprünglichen Version von State of Decay nicht sichtbar. Undead Labs arbeitet nicht mehr mit dem betreffenden Auftragnehmer zusammen und dieses Material wird in der State of Decay: Year-One Survival Edition nicht mehr aufzufinden sein", hieß es in einer Stellungnahme.

Diablo Junior: Blizzards Game-Boy-Spiel

Autor David Craddock verriet einmal in einem Interview, dass Blizzard Diablo ursprünglich auch für den Game Boy entwickeln wollte. Dabei nannte er den Game Boy Color sowie Advance als Systeme. Es ist nicht neu, dass Blizzard an einem mobilen Diablo für Nintendo-Handhelds werkelte. Tatsächlich saß ein Team an einer solchen Version, erstellte jedoch nur einen Prototyp, um zu schauen, wie sich das Spiel auf dem Game Boy macht und ob es sich umsetzen lässt.

Dieser Prototyp existiert schon seit mehreren Jahren als ROM, während auch auf Youtube entsprechende „Spiel-Videos" zu sehen sind. Allzu viel Inhalt bietet dieser Prototyp allerdings nicht. Wie Craddock weiter erklärte, wurde mit den Arbeiten an dem Spiel direkt nach der Fertigstellung von Diablo 2 begonnen. Blizzard teilte Blizzard North in zwei Teams auf, worunter es ein kleines Grüppchen gab, das sich mit der Game-Boy-Variante beschäftigte.

Das Spiel nannten sie Diablo Junior und es sollte natürlich ein reines Singleplayer-Spiel und sogar Prequel zum Original darstellen. Dabei orientierte man sich ein klein wenig an Pokémon: Diablo Junior sollte in drei Versionen erscheinen, wobei jedes Spiel einen anderen Hauptcharakter hätte bieten sollen. Zudem hätten die Spieler untereinander Items tauschen können, um so etwa ihre Sammlung zu vervollständigen.

Die Helden sollten in einer „einzigartigen" Stadt ihr Abenteuer beginnen, bevor sie Dungeons und Co. - Blizzard nennt dies Zonen - hätten betreten können. Das Projekt wurde am Ende deshalb eingestellt, weil die Kosten für die Entwicklung auf einem Handheld zu hoch waren.

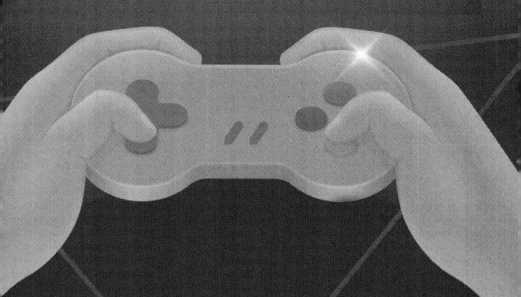

In all den Jahren meiner Spielejournalisten-Karriere war auch die Tierschutzorganisation PETA immer wieder ein Thema.

An dieser Stelle möchte ich keinesfalls eine solche Organisation auf irgendeine Art und Weise bewerten, denn der Schutz von Tieren ist wichtig. Stattdessen möchte ich einen kleinen Einblick in teilweise kuriose Zeiten mit deren Verbindung zu Videospielen geben.

Die PETA veröffentlichte in der Vergangenheit zudem immer wieder kleine Flash-Spiele, die teilweise gar nicht so übel sind. Zu finden unter games.peta.org.

2008: SEGAs Affen-Video

Urpsrünglich erschien das Musikspiel Samba de Amigo für Segas Dreamcast bzw. Arcade, doch 2008 folgte eine Wii-Version, die SEGA damals unter anderem mit Werbespots bewarb. Das Spiel ist alles andere als gewalttätig und eher als Partyspiel für einen Familienabend zu sehen.

Es dauerte nicht lange, bis die sich PETA zu Wort meldete und gegen diese Werbespots wetterte. Denn In den Videos war ein echter Affe zu sehen, der mit Maracas im Takt schwang.

Und genau das war der PETA ein Dorn im Auge und wies Sega darauf hin, dass die Affen für solche Werbemaßnahmen harte Zeiten durchlaufen würden.

Laut damaliger Aussagen werden diese sehr früh von ihren Müttern getrennt, müssen erniedrigende Tricks lernen, und bekommen bei Nicht-Gehorchen Stromschläge. SEGA entfernte sofort die Werbespots von der eigenen Website und meinte, dass sie nie wieder Werbung mit Affen machen werden.

2009: PETA vergibt positiven Preis an Fable 2

Fable 2 war ohne Zweifel eines der Highlights im Jahr 2008 und hinterließ ebenso bei der PETA positive Gefühle. 2009 nämlich durfte sich Schöpfer Peter Molyneux über einen weiteren Preis für seine Glasvitrine freuen.

Die Tierschutzorganisation PETA verlieh dem Spiel nämlich einen Preis mit dem Titel zum „Most Animal-Friendly Video Game", also zum „Tier-freundlichsten Videospiel". PETA mochte Fable 2, da sich von Tofu ernährende Krieger mindestens genauso stark, fit und attraktiv wie Fleischesser fühlen können. Durch eine auf pflanzlicher Ebene basierenden Ernährung sammelt man in dem Spiel Reinheits-Punkte, während Fleisch den Charakter dicker und häßlicher macht. Deshalb ist Fable 2 laut PETA der Traum aller Vegetarier.

Ob sie neben der ganzen Euphorie auch den Hund bemerkt haben, der als Kampfbestie eingesetzt und abgestraft werden kann?

2010: Super Tofu Boy

Wenn man eines der blutigsten Spiele 2010 benennen müsste, dann wäre das Super Meat Boy. Natürlich ging dieser Titel mit dem blutigem Fleischbatzen auch an der PETA nicht spurlos vorbei und bekam von der Organisation eine echt spaßige Konkurrenz: Super Tofu Boy. Dabei handelt es sich um eine Hommage in Form eines Minispiels, das Spieler durchaus erfreute und auch heute noch auf der offiziellen Webseite zu finden ist.

Im Original muss Meat Boy seine große Liebe Bandage Girl retten, in dem PETA-Spiel hingegen ist es Tofu Boy, der Bandage Girl aus den Fängen von Meat Boy befreien muss.

Doch dabei ist Super Tofu Boy nicht einfach nur ein lieblos hingeschustertes Spiel, die PETA gab sich richtig Mühe, eine 1:1-Kopie zu erstellen. Wobei Kopie natürlich nicht das richtige Wort ist, vielmehr basiert es vom Stil und auch von der Spielmechanik her auf Super Meat Boy. Selbst der Schwierigkeitsgrad ist recht hoch.

Entwickler Team Meat zeigte sich über Super Tofu Boy positiv überrascht und begrüßte das Ganze sogar.

2011: PETA mag Marios Tanooki-Anzug nicht

Die Tierschutzorganisation PETA hatte es 2011 auf Nintendos
Klempner Super Mario abgesehen. Aber nicht etwa, weil er
permanent auf Schildkröten herumstampft, sondern weil er
damals in Super Mario 3D Land wieder in seinen Tanooki-
Anzug schlüpfte. Fälschlicherweise wurde Mario mit diesem
Anzug auch als Waschbär-Mario betitelt, es handelt sich aber
tatsächlich um einen Marderhund.

Und genau das stieß der PETA sauer auf, denn das Tier ist
vom Aussterben bedroht, weil der flauschige Schwanz bei
den Menschen so beliebt ist. Aus diesem Grund bat die PETA
Nintendo, den Tanooki-Anzug aus dem Spiel zu entfernen –
das war gerade mal knapp eine Woche vor Release.

Der Grund, wieso die PETA den Anzug entfernen lassen
wollte: Da Mario ja diesen Anzug trägt, würde er damit
zeigen, dass es ganz normal und auch in Ordnung ist, Tiere
brutal zu töten.

Passend dazu veröffentlichte die PETA noch ein Minispiel
namens Super Tanooki Skin 2D, bei dem sich alle
Beführworter an Mario rächen können.

2011: Battlefield 3 und Gewalt gegen Tiere

In Battlefield 3 existiert eine Szene, in der der Protagonist möglichst lautlos durch eine Röhre klettern muss, um von den gegnerischen Truppen nicht entdeckt zu werden. In einem Moment jedoch wird er von einer Ratte attackiert und muss notgedrungen sein Messer zücken. Die Sequenz ist übrigens vorgegeben und lässt keine alternative Handlung zu.

Diese Szene jedenfalls wurde von der PETA wie folgt kommentiert: *„Die PETA gibt zu bedenken, dass auch das Töten von virtuellen Tieren eine verrohende Wirkung auf das junge männliche Zielpublikum haben kann. Immer wieder kommt es ebenfalls in Deutschland zu Fällen von Tierquälerei, in denen Jugendliche Tiere auf grausame Weise töten."*

Weiter hieß es: *„Inspiration für diese Taten erhielten sie in der Vergangenheit oft von gewalttätigen Filmen und Computerspielen.[...] Ist dieser erste Schritt der Verrohung – in Form von Tierquälerei – erst einmal getan, ist es bis zur Gewalt an anderen Menschen oft nicht mehr weit – das haben Wissenschaftler längst herausgefunden."*

2012: Trainer misshandeln ihre Pokémon

Pokémon Schwarze & Weiße Edition 2 kam 2012 frisch auf den Markt. Das nutzte die PETA, um ihre Sicht rund um die beliebten Taschenmonster zu schildern. Außerdem erstellte die Organisation mal wieder ein kleines Minispiel.

Laut damaliger Aussagen der PETA werden Pokémon, genauso wie Tiere in der realen Welt, wie gefühlslose Objekte behandelt und zur Unterhaltung sowie für Experiemente missbraucht. Die PETA prangerte dabei die Art an, wie die Pokémon in die Pokébälle gesteckt werden, was der Ankettung eines Elefanten in einem Güterwagen gleichkomme.

Man lasse ihn nur heraus, damit er verwirrende und häufig für ihn schmerzhafte Tricks ausführt, die ihm mit Stacheln versehenen Stöcken und Elektroschocks beigebracht wurden. Würde die PETA in der Welt der Pokémon existieren, dann wäre deren Motto, dass die Pokémon nicht existieren, um misshandelt zu werden. Stattdessen würden sie aus ihren ganz eigenen Gründen existieren. Und diese Nachricht solle man doch den Kindern überbringen, hieß es.

2013: Assassin's Creed: Black Flag und der Walfang

In Assassin's Creed: Black Flag lassen sich Wale erlegen, um Rohstoffe zu gewinnen. Das schmeckte der PETA ganz und gar nicht und schrieb damals in einem Statement: *„Walfang - das bedeutet, Wale mit Harpunen zu beschießen und sie für eine Stunde im Todeskampf zurückzulassen, bevor sie schließlich in Stücke gehackt werden und währenddessen noch leben. Es scheint vielleicht so, als stamme das aus Geschichtsbüchern, aber die blutige Industrie fährt noch immer unter internationaler Verurteilung umher, und es ist erbärmlich für jedes Spiel, das zu glorifizieren."*

Daher forderte die PETA allgemein die Videospielunternehmen dazu auf, Spiele zu entwickeln, die Tiere zelebrieren, nicht aber mit dem Jagen und Töten werben.

Ubisofts Reaktion ließ nicht lange warten. In einer Stellungnahme wies das Unternehmen darauf hin, dass Geschichte in Assassin's Creed ein wichtiger Bestandteil sei. Der Piraten-Ableger sei ein fiktives Werk, gespickt mit realen Ereignissen aus der Zeit der Goldenen Ära der Piraten. Man wolle den Walfang nicht gutheißen, und genauso wenig wolle man den Lebensstil der Piraten gutheißen, wie etwa schlechte Köperpflege, das Plündern, Schiffe versenken sowie Dinge jenseits des gesetzlich vorgeschriebenen Alkohollimits. Die Spiele sollen also auf gewisse Art und Weise authentisch sein.

2013: Starcraft 2 - Auch Zerglinge haben Gefühle

Als StarCraft 2: Heart of the Swarm im März 2013 auf den Markt kam, war die PETA im Rahmen des Launches der Erweiterung unter dem Synonym „Terrans for the Ethical Treatment of Zerglings" in Kalifonien zugegen und verteilte Flyer mit der Aufschrift „Zerglings Have Feelings, Too".

Auf dem Flyer war einer der Zerglinge in „niedlicher Form" abgebildet, während das Spiel sozusagen in PetaCraft 2: Heart of the Swarm umbenannt wurde. In einem Blogpost der PETA schrieb Marketing Director Joel Bartlett, dass er während des Spielens von StarCraft festgestellt habe, dass die Zerg mehr wie Tiere behandelt wurden.

Hier müsse man sich immer in Erinnerung rufen, selbst wenn die Zerg nicht real seien, dass auf unserem Planeten viele Lebewesen leben würden, die ähnlich seltsam oder auch exotisch aussehen, jedoch den Empfang von Empathie verdient hätten.

Und nur weil Krokodile und Schlangen „außerirdisch" aussehen, so bedeute das Bartlett zufolge nicht, sie bei lebendigem Leibe für Schuhe, Gürtel und Handtaschen häuten zu müssen. Wenn die Zerg in unserer Welt existieren würden, so sollte man diese respektieren und verstehen, anstatt direkt ein Schlachtschiff zu ihnen zu schicken.

„Was ich damit sagen will: schaut euch diese süßen Zerglinge an. Wie könnte jemand jemals einem Zergling Schaden zufügen wollen?", so Bartlett.

2013: PETA gegen Pokémon und Nintendo / McDonald's

Die PETA konnte es auch zur Veröffentlichung der beiden Editionen Pokémon X und Pokémon Y nicht lassen, die kleinen Taschenmonster in die Freiheit zu schicken und vor allen bösen Spielern in Sicherheit zu bringen. In Form eines Flash-Spiels.

Gleichzeitig prangerte man Nintendos Kooperation mit McDonald's an, so dass die PETA auf vegane Kost plädierte. Immerhin konnte man ihnen zugutehalten, dass die kleinen Flash-Spielchen von der Qualität her immer ein wenig besser wurden.

Das Flash-Spiel lässt euch anfangs mit Pikachu gegen eine blutrünstige Version von Hamburglar antreten. Zum Einsatz kommt mehr oder weniger das Kampf-Spielprinzip der Pokémon-Titel. Ihr wählt eure Attacke aus, um dem Gegner Schaden zuzufügen.

Ist der Kampf vorbei, wird ein Bonus-Video freigeschaltet. Danach geht es weiter in Richtung einer McDonald's-Filiale, in der bereits der erste kranke Kunde wartet. Was ab dann passiert, erlebt ihr am besten selbst. Zu finden unter games.peta.org.

2017: Warum auch 1-2-Switch für Nintendo Switch kritisiert wurde

Als 1-2-Switch für Nintendo Switch parallel mit der Konsole auf den Markt kam, kritisierte die PETA Nintendos Minispiele-Sammlung. Dabei richtete man sich in einem Brief an das japanische Unternehmen.

„Unsere Mitglieder und Aktivisten spielten kürzlich Ihr Minispiel „Kühe melken" auf der Nintendo Switch und stellten dabei fest, dass sie die Gräuel des Melkens völlig ignorieren. Wir haben mehr als 35 Jahre Erfahrung bei der Untersuchung von landwirtschaftlichen Betrieben, in denen Kühe wegen ihrer Milch ausgenutzt werden, und es ist nie angenehm für die Tiere. Können wir hier bitte etwas Realismus erwarten?", hieß es.

Ein paar Verbesserungsvorschläge hatte die PETA außerdem, um dem Ganzen mehr Realismus zu verpassen. So sollte Nintendo etwa entsprechende Geräusche einbauen bzw. die Kühe ertönen lassen, deren Kälber entrissen wurden.

Auch sollte der Vorgang der sogenannten „Insemination", also Samenübertragung, gezeigt werden. Nintendo hatte darauf nie reagiert.

2019: 11 Jahre später erhält Cooking Mama Lob

2008 noch kam das virtuelle Kochspiel Cooking Mama bei der PETA ganz und gar nicht gut an und wurde nicht nur kritisiert, sondern auch mit einem Flashspiel namens „Mama Kills Animals" bedacht. Zu finden natürlich auf der offiziellen Webseite.

So schrieb die Organisation: *„Mama sieht unschuldig aus. Eine fröhliche Frau mit einem Funkeln in den Augen und die das Kochen liebt. Doch denkt man nur eine Minute darüber nach, was mit den Tieren für Mamas Mahlzeiten passiert, ist das lustige Kochspiel nicht mehr so unschuldig."*

Gleichzeitig wurden die Macher dazu aufgefordert, die künftigen Spiele tierfreundlicher zu gestalten.

Und immerhin: 2019 heimste das Spiel Cooking Mama: Cookstar den sogenannten Proggy Award der PETA ein, wobei Proggy für progress steht, also Fortschritt. Dabei lobte man die 90 fleischfreien Rezepte in dem Titel.

„Cooking Mamas vegetarischer Spielmodus wird sicherlich bei allen Spielern ein Hit, die sich dafür einsetzen, Freundlichkeit statt Grausamkeit zu wählen", so die PETA.

Kleine
Häppchen

An dieser Stelle findet Ihr noch ein paar kürzere Häppchen für zwischendurch, die man schnell wieder vergisst. Perfekt also, um einfach immer wieder kurz reinzuschauen.

Von Laura Cruz zu Lara Croft

Tomb Raiders Lara Croft hieß ursprünglich Laura Cruz. Toby Gard von Core Design hatte für einen interaktiven Film erst einen männlichen Charakter im Sinn, doch der ähnelte Indiana Jones zu sehr, weshalb man zu der südamerikanischen Laura Cruz wechselte.

Letztendlich wollte Entwickler Core Design aber einen für Großbritannien gängigeren Namen haben, weshalb man sich einfach das Telefonbuch hernahm und dort den Namen Croft heraussuchte.

Mann heiratete Videospiel

Ein Mann, der sich selbst SAL9000 nennt, heiratete 2009 seine Freundin Nene Anegasaki. Nene ist aber kein Lebewesen, sondern die virtuelle Frau in seinem Nintendo DS. Die Anwesenden bei der Hochzeit waren SAL9000s Familie, Freunde und die Presse.

Ebenfalls kurios dürfte sein, dass nach der Hochzeit, die damals übrigens online ausgestrahlt wurde, eine Petition für „Heirat zwischen Menschen und zweidimensionalen Charakteren" ins Leben gerufen und von über 3.500 Leuten unterzeichnet wurde.

Half-Life 2: Gordon Freeman und sein Alien-Freund

Gordon Freeman sollte auf seinem Abenteuer ursprünglich von einem befreundeten Alien begleitet werden, der die Körper der toten Feinde verzehrt hätte. Valve aber entschied sich dagegen, da die Programmierung der künstlichen Intelligenz des Aliens zu schwer war.

Marlon Brando arbeitete mit an EAs Der Pate

Noch bevor Der-Pate-Darsteller Marlon Brando im Jahr 2004 starb, arbeitete er mit an EAs gleichnamigem Spiel zur Filmreihe (Godfather). Er steuerte damals Tonaufnahmen bei, die am Ende jedoch nicht verwendet wurden, da dessen gealterte und murmelnte Stimme nicht so richtig passte. Letztendlich wurde ein anderer Darsteller mit einer ähnlichen Stimme angeheuert.

Okami sollte realistisch aussehen

Der PS2-Hit Okami, der inzwischen auch für Switch und andere Plattformen erhältlich ist, sollte ursprünglich einen realistischen Look haben. Am Ende entschieden sich die Entwickler aber für einen comicartigen Zeichenstil, da die PlayStation 2 für das Vorhaben nicht über genügend Power verfügte.

Die erste Videospiele-Heldin

Die erste weibliche Videospiel-Figur wurde 1981 auf die Bildschirme geschickt und überrascht nur wenig: Ms. Pac-Man. Das gleichnamige Spiel ist quasi eine Art Nachfolger des Klassikers mit mehr Abwechslung und weniger vorhersehbaren Geistern.

Niemand weiß, wer Castlevania erschaffen hat

So richtig klar ist es nicht, wer der Schöpfer der Castlevania-Reihe wirklich ist, zumal japanische Entwickler damals gerne Synonyme in den Credits der Spiele verwendeten. Es wird jedoch angenommen, dass Hitoshi Akamatsu möglicherweise Castlevania ins Leben gerufen haben könnte.

Er arbeitete an den ersten 3 Teilen in leitender Position und verschwand danach von der Bildfläche, nachdem er Konami Geldgier vorwarf. Kaum jemand weiß, was er heute macht. Auch Interview-Anfragen gehen ins Leere.

Fallout 4: GTA 5 als Inspiration

Für das postapokalyptische Rollenspiel Fallout 4 ließ sich Bethesda unter anderem von Grand Theft Auto 5 inspirieren. Game Director Todd Howard sagte in einem Interview gegenüber Gamespot: *„Ich schau mir dieses Spiel an und denke mir 'Wow, ich weiß einfach nicht, wie sie das getan haben.' Das ist das, was wir versuchen zu erschaffen; dieses Gefühl, überall hingehen und alles tun zu können. GTA 5 macht dies so gut. Es steckt dich in seine Welt und es macht dich zum Regisseur."*

Space Invaders ist das erste Spiel mit Highscore und Hintergrundmusik

Space Invaders war in vielerlei Hinsicht zukunftsweisend. Doch wusstet Ihr auch, dass es das erste Spiel mit einem Highscore und Hintergrundmusik war?

Duke hätte schwulen Roboter als Begleiter bekommen sollen

Wie Gearbox-CEO Randy Pitchford einmal verriet, sollte Duke Nukem Forever ursprünglich einen schwulen Roboter als Begleiter erhalten. Da Sexualität ein Teil von Dukes Persönlichkeit ist, sollte der Roboter ursprünglich dazu dienen, Dukes Reaktion auf einen Charakter mit einer anderen sexuellen Ausrichtung zu zeigen. Zudem wäre der Roboter in die Situation gekommen, in der er seine inneren Organe (nuklearer Generator) hätte opfern müssen, um die Aliens zu besiegen.

Space Invaders: von langsam zu schnell

Im Klassiker Space Invaders bewegen sich die außerirdischen Angreifer schneller, wenn man diese nach und nach zerstört. Soweit bekannt. Doch die Bewegung von langsam zu schnell hatte ursprünglich technische Gründe, die auf die originale Arcade-Version zurückzuführen sind.

Je mehr Objekte gleichzeitig dargestellt werden, desto mehr bemüht sich der Computer zu berechnen und desto langsamer bewegen sich folglich die Aliens. Werden durch die Zerstörung weniger Aliens bzw. Objekte auf dem Bildschirm gleichzeitig dargestellt, dann beansprucht die Darstellung weniger Rechenpower und desto schneller bewegen sich die Objekte auf die virtuelle Erde zu.

PlayStation 2: Start-Bildschirm verrät das Spielverhalten

Schaltet man die PlayStation 2 ein, so erstrahlen verschiedene Türme in unterschiedlicher Höhe. Je nach Konsole bzw. Spieler sieht das Gebilde anders aus, denn tatsächlich repräsentieren die Türme das Spielverhalten und die jeweilige Spielzeit. Je mehr Titel man spielt bzw. je mehr Spielstände vorhanden sind und je länger man in den virtuellen Welten verbracht hat, desto größer sind die Türme. Jeder Block steht dabei für ein Spiel bzw. Savegame.

Das Spiel mit dem längsten Titel ist...

Nein, es ist nicht *„AaaaaAAaaaAAAaaAAAAaAAAAA!!! – A Reckless Disregard for Gravity"*, sondern tatsächlich das 251 Zeichen umfassende *„Simple DS Series Vol.14 The Jidousha Kyoushuujo DS - Gendoukitsuki Jidousha, Futsuu Jidou Nirin, Oogata Jidou Nirin, Futsuu Jidousha, Fusuu Jidousha Nishuu, Chuugata Jidousha, Oogata Jidousha, Oogata Jidousha Nishuu, Oogata Tokuchuu Jidousha, Kenbiki"*.

SEGA Saturn war die erste Konsole mit internem Speicher

SEGAs 1994 veröffentlichte Plattform Saturn war die erste Konsole mit einem internen Speicher. Die 32 Kilobyte schafften locker 5 bis 6 Spiele zu speichern. Und nicht nur das: der Kopierschutz wurde erst 2016 geknackt – bis dahin konnte er nur mit Mod-Chip und Import-Modulen umgangen werden.

Diablo seit 1997 online spielbar

Das 1997 von Blizzard veröffentlichte Action-Rollenspiel Diablo lässt sich auch heute noch online spielen. Damit ist es das am längsten unterstützte Online-Spiel.

Durchgespielt: Pac-Man-Macher kannten Ende nicht

Billy Mitchell, einer der bekanntesten und am meisten kritisierten Arcade-Rekordler, spielte als erster Gamer den Klassiker Pac-Man 1999 durch. Witzig: die Macher des Spiels wussten gar nicht, dass man es durchspielen kann, da es für unendliche Spiel-Sessions ausgelegt wurde.

Beim Durchspielen erscheint nach 3.333.360 Punkten der sogenannte Killscreen, den die Entwickler bis dato nie zu Gesicht bekamen. Denn der besteht aus Datenmüll und Bugs, was durch ein Überlaufen einer Variablen bzw. Levelzählers entsteht. Vereinfacht ausgedrückt. Zwischenzeitlich wurde Mitchell der Rekord aberkannt, so wie andere auch, doch 2019 konnte er erneut den perfekten Pac-Man-Run inklusive Killscreen vorführen und 2020 erhielt er die Weltrekorde offiziell zurück.

World of Warcraft und die Seuche

2005 kämpfte das MMORPG World of Warcraft mit einem Programmierfehler, wodurch eine Art virtuelle Seuche losgetreten wurde, die sich unter den Spielern verbreitete. Es herrschte Panik, da immer mehr virtuelle Leichen in dem Spiel auftauchten, sich immer mehr Spieler infizierten und kein Heilmittel in Sicht war. Am Ende musste Blizzard mit einem Spiel-Reset einschreiten. Von dieser Seuche und dem Verhalten der Spieler nähren Wissenschaftler auch 2020 noch, um die Erfahrungen gegen den Kampf von Viren einzusetzen.

World of Warcraft: Henry Cavill verpasste fast Superman-Anruf

Schauspieler Henry Cavill kennt man unter anderem als Superman-Darsteller. Doch beinahe hätte er den für ihn wichtigen Anruf verpasst, der ihn am Ende die Rolle bescherte. Er spielte in dem Moment nämlich World of Warcraft, wie er einmal sagte.

World of Warcraft: Level 90 in der Startzone

Level 90 in der Startzone von World of Warcraft zu erreichen, klingt im ersten Augenblick unschaffbar, doch ein Spieler machte es 2014 vor. Er sammelte nur Pflanzen und betrieb Mining, um Erfahrung zu erhalten, und erschuf so einen neutralen Level-90-Charakter, der weder auf der Seite der Horde, noch auf der Seite der Allianz stand. Dafür brauchte er über 170 Tage.

Dreamcast war erste Online-Konsole

Zwar gab es beispielsweise von Nintendo in den Neunzigern Zubehör, um mit dem NES online zu gehen, doch SEGAs Dreamcast war die erste Konsole mit einem eingebauten Modem und Online-Funktionalität ab Werk. Damit war es möglich, mit anderen Spielern online zocken zu können. So erschienen unter anderem Spiele wie Phantasy Star Online, Star Lancer und auch Quake 3 Arena. Eine weitere Besonderheit war die Möglichkeit, via Maus und Tastatur (und auch Controller) Webseiten anzusteuern.

E3 1997: Die wohl wichtigsten Spieleankündigungen

Auf keiner anderen E3 wurden vermutlich so viele Spiele angekündigt, die später wegweisend waren oder zumindest eine wichtige Rolle in der Games-Geschichte spielen, wie es 1997 der Fall war. Oder wusstet Ihr, dass dort Half-Life, Metal Gear Solid, Goldeneye, Fallout, Banjo-Kazooie, Prey und Duke Nukem Forever innerhalb von nur 3 Tagen angekündigt wurden? Hinzu kamen noch Unreal, Goldeneye 007, Oddworld, Panzer Dragoon Saga, Quake 2, Star Fox 64, Resident Evil 2 und Time Crisis.

Ghosts 'n Goblins: zwei Durchläufe für das Ende

Ghosts 'n Goblins ist richtig schwer. Wer es bis zum letzten Level geschafft hat, bekommt jedoch nicht das Ende zu Gesicht. Stattdessen heißt es, dass alles nur eine Illusion war und man nochmals von ganz vorn beginnen muss. Wer Ghosts 'n Goblins auch zum zweiten Mal „durchspielt", bekommt erst dann das wirkliche Ende zu sehen. Erschienen ist es in den 1980ern und wurde für zahlreiche Plattformen umgesetzt, darunter NES, Atari ST und C64.

Space Invaders sorgte für Münzen-Knappheit in Japan

Als der Arcade-Klassiker Space Invaders 1978 in Japan veröffentlicht wurde, sorgte das dort für eine Knappheit der 100-Yen-Münzen. Denn die brauchte man für den Automaten, um das Spiel zocken zu können. Und das war zu dem Zeitpunkt extrem gefragt.

Der wahrscheinlich bekannteste Grammatikfehler

In Zero Wing aus dem Jahr 1989 für das Mega Drive ist folgender Satz zu sehen und zu hören: „All your base are belong to us." Das klingt irgendwie komisch und übersetzt bedeutet das in etwa: „All eure Stützpunkt sind gehören zu uns." Daraus entwickelte sich in den Neunzigern ein regelrechter Scherz-Trend, der über die Jahre hinweg immer größere Ausmaße annahm. Sogar Unternehmen wie Google bzw. YouTube griffen das Ganze auf, darunter mittels Google Doodle und Wartungs-Hinweise.

China: Gefangene mussten MMOs spielen

In einem Bericht aus dem Jahr 2011 von The Guardian hieß es, dass Gefangene in China dazu gezwungen wurden, MMOs zu spielen und Ingame-Währung zu verdienen. Ob das noch immer der Fall ist – vermutlich schon – bleibt unklar. Gespielt werden musste unter anderem auch World of Warcraft. Von 300 Gefangenen war damals die Rede, die MMOs in 12-Stunden-Schichten spielen mussten. Geld erhalten hätten sie allerdings nicht.

Angry Birds und Clash of Clans beflügelten Finnlands Wirtschaft

Der große Untergang von Nokia hatte weitreichende Folgen für Finnlands Wirtschaft. Glücklicherweise konnten zwei Spiele diese wieder beflügeln: Angry Birds und Clash of Clans. Laut damaligen Berichten waren beide Titel dafür mitverantwortlich, dass auch immer mehr Startups gegründet wurden und es wieder bergauf ging.

Silent Hill und der Nebel

Silent Hill ohne Nebel lässt sich nur schwer vorstellen. Und dabei hat dieser nicht nur einen düsteren Nutzen, sondern er wurde hauptsächlich aufgrund Hardware-Limitierungen eingefügt. Denn der Nebel sorgt dafür, dass einzig jene Objekte bzw. Umgebungen von der Hardware gerendert werden müssen, die man auch tatsächlich sieht.

960 Konsolen wurden veröffentlicht

Weltweit wurden inzwischen 960 verschiedene Konsolen veröffentlicht, während 11 Konsolen noch vor ihrer Markteinführung eingestellt worden sind. Im Jahr 2020 schicken Sony und Microsoft mit der PlayStation 5 bzw. Xbox Series X ihre nächsten Plattformen ins Rennen. Die allererste kommerzielle Konsole war die Magnavox Odyssey und wurde 1972 in den USA herausgebracht.

Rekord für Module blasen

In die Kontakte der Module blasen, um Staub zu entfernen, das kennt man. Kamal Ray stellte einen Rekord bei Jimmy Fallon auf, bei dem er in 20 Sekunden 43 Module blies.

Doch das Module-Blasen bringt nix

Wusstet Ihr, dass das Blasen nachweislich gar nichts bringt, sondern auf Dauer sogar schädlich für die Kontakte sein kann? Durch das erneute Herausnehmen und wieder Einstecken des Moduls besteht bloß eine höhere Chance, dass die Kontakte des Moduls und der Konsole zueinander finden. Unterdessen können die Kontakte durch die Feuchtigkeit bzw. Spucke mit der Zeit angegriffen werden.

Erstes Spiel entstand in den 1940ern

Nein, Pong ist nicht das erste Spiel, schon vorher gab es Versuche und Umsetzungen, die als Spiele durchgehen. Theoretisch ist auch dessen Vorgänger Tennis for Two nicht das erste Videospiel (!), das 1985 auf einem Oszillokop erschaffen wurde. Geht man nämlich noch weiter zurück, so war es Thomas T. Goldsmith Jr., der 1947 eine Art Raketensimulation auf einem Röhrenrechner erschuf. Das nannte sich „Cathode Ray Tube Amusement Device" und bestand aus einer Kathodenstrahlröhre, die den Elektronenstrahl an ein Oszilloskop schickte. Darin musste man Ziele mit einem Lichtstrahl treffen.

Atari Football – erstes Spiel mit Scrolling

Atari Football wurde 1973 entwickelt, kam jedoch erst 1978 auf den Markt. Der Grund: der Bildschirm bewegte sich nicht mit und die Spieler konnten somit nur innerhalb eines kleinen Bereiches laufen. Und als Atari Football dann Ende der Siebziger veröffentlicht wurde, war es das erste Spiel mit Scrolling bzw. mit einem sich bewegenden Bildschirm, sobald die Spielfigur zum Rand läuft.

Was der erste Mac und SEGAs Genesis gemeinsam haben

SEGAs 16-Bit-Konsole kam 1988 auf den Markt und enthält eine Version des gleichen Motorola-Prozessors, der auch beim ersten Apple Macintosh zum Einsatz kommt.

Erster Handheld mit Farbbildschirm

Das war nicht SEGAs Game Gear aus dem Jahr 1990, sondern der Atari Lynx, der bereits 1989 an den Handel ausgeliefert wurde. Am Ende ging aber der Game Boy als Gewinner hervor, der technisch hinter der Konkurrenz lag.

Von Monkey Nuts zu Halo

Bevor Halo seinen offiziellen Titel bekam, hatte Entwickler Bungie verschiedene Ideen. Der erste Titel für Halo war „Monkey Nuts". Später folgten „Blam", „The Santa Machine", „Star Child" und „Hard Vacuum". Zum Glück entschied sich Bungie dann doch für Halo.

Dreamcast hätte fast einen Wii-ähnlichen Controller bekommen

Wie bei anderen Konsolen und Unternehmen auch, arbeitete SEGA an verschiedenen Controller-Prototypen für die Dreamcast. Und einer dieser Prototypen erinnerte stark an Nintendos Wiimote. Der Controller verfügte über diverse Buttons, einen Analogstick und tatsächlich Bewegungssteuerung. Am Ende kam die Motion-Technik bei den Maracas zu Samba de Amigo zum Einsatz.

Funfact: Virtua Tennis lässt sich mit der Dreamcast-Angel via Bewegungssteuerung spielen. Die Dreamcast war ihrer Zeit einfach voraus.

Silent Hill und der Schwarzenegger-Film

Der Spieleklassiker Silent Hill und der Filmklassiker Der Kindergarten-Cop mit Arnold Schwarzenegger spielen am gleichen Ort. Primär geht es dabei um dieselbe Schule mitsamt vieler gemeinsamer Details und diversen Dekorationen vom Set, darunter Poster. Und nicht nur das: auch die beiden Handlungen sind sich gar nicht so unähnlich und die Spielfigur Harry trägt das gleiche Outfit wie Schwarzeneggers Filmfigur.

Wing Commander: Danke fürs Spielen

Als Wing Commander 1990 auf den Markt kam, wurde es mit einem Fehler veröffentlicht, den die Entwickler bis zum Schluss nicht beheben konnten. Denn immer, wenn man das Spiel verlässt, erscheint eine Fehlermeldung. Um dies etwas zu umgehen und nicht wie einen Fehler darstellen zu lassen, schrieben die Programmierer einfach den Text der Fehlermeldung um. Jedes Mal also, wenn man Wing Commander beendet, erscheint die Meldung: *„Thank you for playing Wing Commander."*

PC-Spieler aufgepasst: Tastaturen sind dreckiger als Toiletten

Laut einer englischen Studie sind Toiletten hygienischer als PC-Tastaturen. Zu viele Bakterien und Verunreinigungen führen demnach zu Erkrankungen vor dem PC und schaden auf Dauer der Gesundheit. Wer die Beweise von der Studie bestätigen möchte, sollte einmal kurzerhand seine Tastatur umdrehen und schütteln. Am besten regelmäßig säubern. Und die Mäuse sowie Controller nicht vergessen.

Fallout 2 war das erste Spiel mit gleichgeschlechtlicher Heirat

Es dauerte schon seine Zeit, bis sich Videospiele nach und nach für die gleichgeschlechtliche Liebe öffneten. Einer der Vorreiter war die Fallout-Reihe – der zweite Teil ist das erste Spiel, in dem jemals eine gleichgeschlechtliche Heirat möglich gemacht wurde. Heute ist das nicht mehr wegzudenken.

'Die Klapperschlange'-Studio wollte Hideo Kojima verklagen

Dass Hideo Kojima ein Fan von John Carpenters Klassiker Die Klapperschlange mit Kurt Russel in der Hauptrolle ist, ist bereits länger klar. Er ließ sich von dem Film für Metal Gear Solid inspirieren und baute auch ein paar Anspielungen bzw. Hommagen ein.

Wie Carpenter in einem Interview mit The Hollywood Reporter verriet, wollte Rechteinhaber CanalPlus Kojima aufgrund der Ähnlichkeiten verklagen: *„CanalPlus wollte das Spiel Metal Gear Solid verfolgen, das ebenso ein Imitat von Die Klapperschlange darstellt. Aber ich sagte ihnen, das nicht zu tun. Ich kenne den Director dieser Spiele und er ist ein netter Kerl, oder zumindest war er das zu mir."*

Bitte nicht zu viele Gegner auf einmal

Kennt Ihr das? Eure Spielfigur ist von zahlreichen Gegnern umzingelt und Ihr fühlt Euch am Ende gut dabei, die 10 oder 20 Fieslinge besiegt zu haben? Dahinter steckt nicht selten das AI-System „Unit Slotting", das unter anderem in God of War, der Batman-Reihe und Assassin's Creed zum Einsatz kommt.

Das sorgt dafür, dass nicht alle Gegner gleichzeitig angreifen, sondern je nach Gusto der Entwickler 2 oder 3. Dadurch sollen die Spieler Glücksgefühle ausschütten und sich gut fühlen, gegen größere Gegner-Gruppen bestanden zu haben.

Bayonetta und die Sprache der Engel

Im Action-Klassiker Bayonetta sprechen die Engel eine unverständliche Sprache. Doch die wurde, im Gegensatz zu manch anderen Spielen, nicht speziell für den Titel entwickelt, sondern sie basiert auf einer inzwischen toten Sprache aus dem 16. Jahrhundert. Die wurde damals von John Dee weitergetragen, der behauptete, Engel hätten sie ihm beigebracht.

Dead Space: Mein Name ist Isaac Clarke

Protagonist der Sci-Fi-Horror-Reihe Dead Space ist Isaac Clarke, der gegen allerlei Kreaturen im Weltraum kämpfen muss. Der Name kommt nicht von ungefähr, basiert er doch auf zwei bekannten Autoren. Einmal Isaac Asimov, der den Roman „Ich, der Roboter" geschrieben hat. Und der Nachname stammt von Arthur C. Clarke, bestens bekannt für „2001: A Space Odyssey".

BioShock und die Verbindung mit Shining

Für BioShock ließen sich die Macher ein wenig vom Kultfilm Shining inspirieren. So basieren die Little Sisters, die ursprünglich anders hätten aussehen sollen, auf den Zwillingen aus dem Film. Darüber hinaus wird die Bathysphäre bzw. Druckkammer auch als Torrance Hall bezeichnet – ein Anspielung auf Jack Nicholsons Filmfigur Jack Torrance. Ursprünglich wollte Fluch-der-Karibik-Regisseur Gore Verbinski sogar einen BioShock-Film im Stil von 300 (Film) inszenieren, doch daraus wurde nie etwas.

Funfact: Die Kreaturen in BioShock wurden einst von den Monstern aus Scooby Doo inspiriert, aber diese Designs wurden fallen gelassen, um sie menschlicher wirken zu lassen.

Diablo sollte Stop Motion verwenden

Das von David Brevik erschaffene Diablo sollte ursprünglich auf Stop-Motion-Technik setzen. Das Vorhaben wurde aber wieder fallengelassen, da es zu zeitaufwendig gewesen wäre. Ihr müsst euch das in etwa so vorstellen: es werden immer einzelne Bilder von sich nicht bewegenden und immer nur geringfügig neu platzierten Motiven angefertigt, die dann aneinandergereiht Bewegungen darstellen. Das wirkt immer ein wenig abgehackt, hat aber seinen ganz speziellen und nach wie vor beliebten Stil.

Die Idee von Stop Motion greift Blizzard für Diablo 4 wieder auf, wobei diverse Animations-Techniken und Überblendungen verwendet werden sollen, um den Bewegungen ein anderes Gefühl zu geben. Wie das dann aussieht, wird die Zeit zeigen.

Was hat Natalie Portman mit Diablo zu tun?

Tja, das kann ich auch nicht sagen. Aber irgendwie ist es witzig und gleichzeitig absurd: invertiert man den Startbildschirm von Diablo (etwa Photoshop und Co.), so findet sich darin die versteckte Nachricht: *„Natalie Portman rocks."* Seltsam: die Schauspielerin war zur Veröffentlichung von Diablo gerade einmal 15 Jahre alt und noch lange kein großer Hollywood-Star.

Warum Crash Bandicoot sein Gesicht zeigt

Als Crash Bandicoot entwickelt wurde, gab es anfangs nur Levels, die die Figur von hinten zeigten. Entwickler Naughty Dog (Ja, das Uncharted-Studio) befürchtete aber, dass die Spieler dadurch keinen so richtigen Zugang zu Crash finden könnten. Also wurden auch Abschnitte eingefügt, in denen er in Richtung Kamera rennt. Die Macher nannten die Levels intern Indiana-Jones-Levels, da eine derartige Szene im Film „Jäger des verlorenen Schatzes" zu sehen ist.

Street Fighter 2: Kombos entstanden durch Programmierfehler

Street Fighter und andere Beat 'em ups sind ohne Kombos nur schwer vorstellbar. Doch diese waren zumindest im zweiten Teil ursprünglich gar nicht geplant und entstanden nur aufgrund eines Programmierfehlers. Am Ende mochten die Testspieler die Möglichkeit der Kombos so sehr, dass daraus ein wichtiger Bestandteil wurde. Kombos sind die Aneinanderreihung von Attacken bzw. Moves.

Call-of-Duty-Spieler verbrauchen mehr Munition als die US Army

Während die US Army jährlich gut 1,5 Milliarden an Schuss verbraucht, sind es virtuell in Call of Duty deutlich mehr. Die Zahl steigt und sinkt natürlich immer mal wieder, doch grob benötigen CoD-Spieler gerade einmal nur 17 Stunden, um 1,5 Milliarden Schuss abzugeben.

Gears of War 3 ein Vierteljahr vor Veröffentlichung im Netz

Zwar trifft es immer wieder Spiele, die Wochen vor ihrer offiziellen Veröffentlichung illegal im Netz landen, doch ein ganzes Vierteljahr vorher ist schon eher selten. Und dann noch komplett spielbar. So geschehen mit Gears of War 3 im Jahr 2011.

Bei der Version, die über Torrent verbreitet wurde, handelte es sich um eine Entwicklerversion. Daher lief sie auch nur auf Dev-Kits und auf speziell modifizierten Konsolen (JTAG). Eine solche Version kann entweder nur aus den Kreisen des Entwicklers stammen oder auch von Redaktionen, die eine Debug-Konsole ihr Eigen nennen.

Gears of War 3 und die T-Shirt-Abstimmung

Spieler durften noch vor Veröffentlichung von Gears of War 3 über das Schicksal von Clayton Carmine abstimmen und ob er wie seine beiden Brüder im Spiel sterben wird. Die Abstimmung erfolgte über den Kauf von zwei virtuellen Shirts für den Xbox-Avatar. So konnte man entweder ein Shirt mit der Aufschrift „Save Carmine" oder mit „Carmine Must Die" erwerben.

Zwar wurde man für die T-Shirts zur Kasse gebeten, doch der Erlös ging an die Child's-Play-Stiftung. Auf der Comic-Con ließen sich für 20 US-Dollar sogar echte T-Shirts mit den jeweiligen Aufschriften kaufen. Wie die Abstimmung ausgegangen ist? Das erfahrt Ihr im Spiel.

South Park versehentlich ungeschnitten in Deutschland ausgeliefert

Als South Park: Der Stab der Wahrheit im Jahr 2014 auf den Markt kam, gab es im deutschen Handel eine Rückrufaktion. Der Grund: das Rollenspiel sollte in Deutschland nur geschnitten auf den Markt kommen, erschien hierzulande aufgrund eines Fehlers im Presswerk jedoch ungeschnitten. Das dürfte heutzutage aber so gut wie gar nicht mehr passieren, denn inzwischen werden immer weniger Spiele für Deutschland geschnitten.

29 Jahre später: Das erste Final Fantasy mit deutscher Lokalisation

29 Jahre mussten Fans der Reihe darauf warten - mit Final Fantasy XV kam dann die Erlösung: eine vollständige deutsche Lokalisierung. Es ist das erste Final Fantasy, das deutsche Texte und sogar eine deutsche Sprachausgabe zu bieten hat. Der Titel erschien 2016, das erste Final Fantasy wurde 1987 veröffentlicht.

Zur Strafe: Vater verkauft Spiel für 9.100 Dollar

2007: Weil ein Vater seinen Sohn beim Marihuana-Rauchen erwischt hat, verkaufte dieser kurzerhand das Spiel Guitar Hero 3 bei eBay. Gedacht war es ursprünglich als Weihnachtsgeschenk und der Vater war am Ende um 9.100 Dollar reicher. So viel konnte er mit der Auktion erreichen.

Viele Updates gegen Piraterie

Als Cities: Skylines 2015 herauskam, lag die Piraterie am ersten Tag bei 0 Prozent, am zweiten Tag bei 16 Prozent. Laut Entwickler Paradox habe man einen ganz guten Weg gefunden, um gegen illegale Kopien vorzugehen.

Der beste DRM sei Steam Workshop, worüber durch Nutzer erstellte Inhalte angeboten werden. Darüber hinaus sei der automatische und regelmäßige Updateprozess bei Steam viel bequemer, als erst auf ein Update für die illegale Version von Cities: Skylines warten zu müssen.

Beispielsweise hatte Paradox das Spiel Magicka innerhalb von 13 Tagen 14 Mal aktualisiert. Die Software-Piraten hätten dann für eine Weile aufgegeben, da das laut Paradox' Sham Jorjani zu viel Aufwand war.

Wenn jeder Mitarbeiter zwingend ein Spiel durchspielen muss

Wer an dem von Firaxis entwickelten XCOM: Enemy Unknown mitarbeiten wollte, musste erst einmal das Original aus dem Jahr 1994 durchspielen. Lead Designer Jake Solomon zufolge hätten einige Leute aus dem Team das Spiel gar nicht gekannt, bekamen dafür dann aber ein paar Tage Zeit, um es durchzuspielen.

Er gab damals zu verstehen, dass wenn sie es nicht bis zum Ende der Woche nach Cydonia schaffen würden, sich die Mitarbeiter auch nicht darum bemühen bräuchten, weiterhin im Team zu bleiben bzw. denn überhaupt im Team aufgenommen zu werden. Das klingt natürlich sehr hart, doch entlassen wurde deshalb niemand, zumal auch noch andere Projekte im Unternehmen warteten.

SEGAs holografisches Display

Mit Time Traveler präsentierte SEGA 1991 ein technisch innovatives Arcade-Spiel, in dem Hologramme zum Einsatz kamen. Die wiederum wurden von Schauspielern aufgenommen und auf dem speziellen Bildschirm so dargestellt, als könnte man sie anfassen. Was revolutionär war, knickte am Ende vor dem Arcade-Phänomen Street Fighter ein.

Denn Time Traveler bot zwar beeindruckende Technik wie aus einem Sci-Fi-Film, konnte aber spielerisch aufgrund simpler Quick-Time-Events mit dem Arcade-Liebling Street Fighter nicht mithalten. Der Erfolg war also auf lange Sicht nicht gegeben und SEGA entwickelte mit Holosseum ein Fight-Spiel mit dieser Technik. Aber auch hier war Street Fighter einfach zu mächtig und SEGA verabschiedete sich von der Technik.

Achtziger: Spiele aus Zeitschriften abtippen

Ok, ältere Semester kennen das natürlich, vielmehr dürfte dies eher bei jüngeren Lesern einen kleinen Aha-Effekt hervorrufen: wer in den Achtzigern eine Spielezeitschrift kaufte, bekam immer mal wieder neue Spiele für seine Plattform (etwa Commodore oder Atari). Die lagen aber nicht auf einem Datenträger bei, sondern man musste selbst Programmiercode und Zahlenfolgen seitenweise abtippen.

Man schrieb also das Spiel oder auch Programm quasi selbst, wobei der kleinste Tippfehler dafür sorgen konnte, dass nichts funktionierte. Und so richtig klar war irgendwie auch nie, was man da eigentlich für ein Programm in seinen Rechner programmierte, bis man es startete.

Frau bringt Kind zur Welt und spielt einfach weiter

2005 brachte eine Chinesin ihr Kind in einem Internetcafé zur Welt. Doch statt sich anschließend um ihr Kind zu kümmern, spielte sie das Online-Spiel einfach weiter. Auch Hilfe lehnte sie ab. Die Anwesenden nahmen das Kind, versorgten es und verständigten die Behörden. Welches Spiel ihr wichtiger als ihr Kind war, wurde in den Medien nicht kommuniziert.

Nur ein Leben

Mit One Single Life wurde 2011 ein interessantes Konzept rund um das Thema Permadeath umgesetzt. In dem Spiel, das im gleichen Jahr noch einen Nachfolger erhielt, besitzt der Spieler nur ein Leben. Soweit nicht ungewöhnlich, doch stirbt man, so war es das wirklich. Man kann One Single Life nicht mehr spielen und wird für immer ausgesperrt. Ein falscher Schritt bedeutet also das endgültige Aus. Ähnlich in dieser Hinsicht sind auch die Spiele Upsilon Circuit und One Life. Sie lassen sich nur einmal spielen und dann nie wieder.

Angry Birds: Schweinegrippe führte zu grünen Schweinen

In Angry Birds schießt man kunterbunte Vögel auf grüne Schweine. Inspiriert lassen hat sich Entwickler Rovio damals von der Schweinegrippe, die zu dem Zeitpunkt ihre Runde drehte. Das verriet Rovios Ville Heijari einmal in einem Interview gegenüber PocketGamer.

TV-Serie stibitzt von Mass Effect

Für die TV-Serie Marvel's Agents of S.H.I.E.L.D. und die Episode The Bridge bedienten sich die Macher offensichtlich bei Mass Effect. Nur wer genau hinschaut und mit Mass Effect vertraut ist, dürfte das überhaupt wahrnehmen, stammt die Grafik doch von dem Artwork mit dem Titel Mass Effect 3: Earth Alliance.

Im Hintergrund in der Serie ist also im Grunde das Gebäude der Allianz auf der Erde zu sehen. Einzige Unterschiede sind die Hintergründe, die Flagge in S.H.I.E.L.D. sowie das Fehlen der Türme und der Beschriftungen an der Fassade. Und wenn man genau hinschaut, ist sogar noch der Schatten der Normandy zu erkennen. Der Rest ist absolut identisch - auch der Blickwinkel.

Mass Effect 3 und der Aufschrei

Mass Effect 3 sorgte 2012 für einen großen Aufschrei unter Fans, der Entwickler BioWare dazu brachte, einen kostenlosen DLC herauszubringen und das Spiel in einer Sache grundlegend zu erweitern: dem Ende. Mindestens 70 Prozent der Fans waren unzufrieden mit dem Abschluss und forderten Nachbesserung, war es doch schließlich das Ende der großen Shepard-Geschichte.

Der Druck auf BioWare war so enorm, dass das Studio an einem Mass Effect 3: Extended Cut arbeitete und das Ende mit zusätzlichen Filmsequenzen und Epilogszenen ausstattete. Damit war die Story rund um Commander Shepard und seiner Crew erzählt.

Das erste Steam-Spiel und der Aufschrei

Steam ist von vielen Gaming-PCs nicht mehr wegzudenken. Es ist die größte Spieleplattform für den Rechner. Das erste Spiel für Steam war Half-Life 2, das am 16. November 2004 erschien und zusammen mit Counter-Strike: Source ausgeliefert wurde. Natürlich musste man beide Titel via Steam registrieren, wobei eine Internetverbindung zwingend erforderlich war.

Damals verursachte das einen Aufschrei, gab es das so in dieser Form nämlich noch nicht - vor allem nicht bei einem Singleplayer-Spiel. Half-Life 2 konnte ohne Internetverbindung einfach nicht gespielt werden. Und Nutzer eines Analogmodems, das damals noch verbreitet war, waren stark benachteiligt. Sogar der Verbraucherzentrale Bundesverband mahnte Valve ab. Wie man inzwischen weiß, setzte sich Steam durch und erhielt in den Jahren zahlreiche Mitstreiter.

SEGA-Spiel erscheint nach 27 Jahren doch noch

Clockwork Aquario wurde ursprünglich 1992 von Ryuichi Nishizawa (Wonder Boy) auf SEGAs System 18 Arcade-Hardware entwickelt, jedoch niemals veröffentlicht. 2020 dann die frohe Botschaft: Strictly Limited Games konnte den Quellcode des Spiels ausfindig machen und schloss sich mit ININ Games und Sega kurz, um es doch noch auf den Markt zu bringen.

Dinge wie Soundeffekte, Musik und einige Grafiken konnten allerdings nicht wiederhergestellt werden, weshalb einige Ex-Mitglieder des Original-Teams angeheuert wurden, um erneut daran zu arbeiten. Im Laufe 2020 soll das Spiel veröffentlicht werden.

Spiel konnte gesamte Festplatte löschen

Das von Bungie (Halo) entwickelte Myth II: Soulblighter hatte ursprünglich einen gravierenden Fehler, der die gesamte Festplatte löschen konnte. Glücklicherweise kam es dazu nicht, da die Macher sämtliche Kopien noch vor dem Verkauf im Handel zurückziehen konnten. Der Fehler trat auf, wenn das Spiel nicht in den Standard-Ordner installiert wurde, sondern in einen anderen bzw. auf ein anderes Laufwerk. Bemühte man nun den fehlerhaften Uninstaller, um Myth II von der Festplatte zu verbannen, löschte man gleichzeitig alle sich im jeweiligen Ordner befindlichen Daten. Nutzte man beispielsweise nur Laufwerk C:, war danach alles darin weg.

Solid Snakes schöner Popo

Da Solid Snake in Metal Gear Solid 3: Snake Eater größtenteils von hinten zu sehen ist, stellte Hideo Kojima sicher, dass dessen Hinterteil besonders schön anzusehen ist.

Spieler erhält Job als Fußball-Manager

Da soll mal jemand sagen, zocken lohnt sich nicht. Anfang der 2000er erhielt ein junger Schwede einen Job als Fußball-Manager in unterstützender Rolle, weil er im Titel Football Manager ziemlich gut war. Praktische Erfahrungen hatte er keine, sondern nur auf dem virtuellen Rasen. Aber auch andere Spieler hatten ähnliches Glück, darunter ein Serbe und ein Brite, die für verschiedene Fußballclubs Daten auswerteten. Und das nur aufgrund ihrer Erfahrungen mit Football Manager.

THQ Nordic schaut lieber Fußball-WM und streicht E3-Auftritt

Vielleicht war es auch einfach nur ein Marketing-Gag. Und irgendwie konnte man die Jungs und Mädels ja verstehen. 2018 blieb das Unternehmen der Spielemesse E3 fern, um lieber die Fußballweltmeisterschaft zu schauen.

„Schweren Herzens verkünden wir hiermit, dass wir bei THQ Nordic keine Sekunde dieses großartigen Sportereignisses verpassen möchten und uns daher 'gezwungen' sehen, in unseren schönen Wiener Biergärten zu bleiben. Die ein oder andere coole Pressekonferenz (Devolver, wir setzen auf euch!) werden wir uns natürlich ansehen. Wir geben zu, dass uns das morgendliche Bier im 'Ye Olde King's Head'-Pub in Santa Monica fehlen wird, wo alle Spiele live übertragen werden - aber da die WM in Russland stattfindet, würde das ein Bier um 7 Uhr morgens bedeuten, und das ist selbst für Österreicher zu früh, von den Schweden ganz zu schweigen", hieß es in der Pressemitteilung.

Sonic-Gewürz macht Kot blau

Das ist jetzt ein wenig ekelhaft: SEGA veröffentlichte 2018 in Japan ein Sonic-Gewürz bzw. Curry, das auf den ersten Blick unscheinbar wirkt. Wer das Gewürz nämlich zu sich nimmt und später sein großes Geschäft auf der Toilette vollzieht, findet blauen Kot vor. Bilder erspare ich Euch auch an dieser Stelle.

Shadow Man 2 und die Werbung auf echten Grabsteinen

2002 sorgte der nur zwei Jahre später geschlossene Branchengigant Acclaim für negative Schlagzeilen, als eine ziemlich morbide PR-Aktion zum PS2-Titel Shadow Man: 2econd Coming geplant war. So wollte das Unternehmen, von dem sich die deutsche Niederlassung damals diesbezüglich distanzierte, Werbung zum Spiel auf echten Grabsteinen anbringen.

In Shadow Man geht es schließlich um Tod und Co. Dabei wollte Acclaim den Hinterbliebenen der Verstorbenen, deren Grab mit Werbung verziert werden sollte, finanzielle Unterstützung zusagen und einen Teil der Begräbniskosten stemmen. Kirche, Presse und Co. fanden das gar nicht cool, weshalb die Aktion am Ende abgeblasen wurde. Acclaim versuchte sich zu rechtfertigen und nannte eine solche Werbung "Deadvertising".

Aliens: Colonial Marines und der Tippfehler

Erinnert Ihr euch noch an Aliens: Colonial Marines, das 2013 herauskam und einfach nur von der Presse und den Spielern verrissen wurde? Kein Wunder, war die Qualität doch alles andere als das, was in den Trailern und Screenshots versprochen wurde. Ein Kritikpunkt war die schlechte KI der Aliens. 2018 dann kam heraus, dass zumindest dieser Punkt auf einen Tippfehler im Programmcode zurückzuführen war. Ein Modder korrigierte den Tippfehler, wodurch sich die Aliens viel „realistischer" verhalten. Am Rest des Spiels ändert das jedoch nichts.

Google Doodle kostete Weltwirtschaft 120 Mio. Dollar

Als Google sein Doodle rund um Pac-Man im Jahr 2010 veröffentlichte, spielten an jenem Freitag weltweit zahlreiche Leute den Klassiker im Browser. Möchte man der Unternehmensberatung RescueTime glauben, so kostete das der Weltwirtschaft 120 Millionen US-Dollar. Demnach hätten Angestellte 36 Mal mehr Zeit auf der Google-Webseite verbracht. Das sind angeblich 4,8 Mio. Stunden, während zur Berechnung ein durchschnittlicher Bruttolohn von 25 Dollar pro Stunde hergenommen wurde.

L.A. Noire nutzt reale Verbrechen als Vorlage

In Rockstars L.A. Noire dreht sich alles um Verbrechen. Dafür haben sich die Entwickler von realen Fällen inspirieren lassen, die in den 1940er Jahren passiert sind. Darunter „Der Lippenstift-Mord", wobei die Macher nicht die kompletten Fälle umsetzten, sondern teilweise besondere Elemente einsetzten, wie etwa den namensgebenden roten Lippenstift, mit dem auf die Leiche geschrieben wurde.

Just Cause 2 und die Verbindung zur TV-Serie Lost

In Just Cause 2 existiert ein Easter Egg zur TV-Serie Lost. Die geheimnisvolle Insel aus dem TV-Klassiker befindet sich mit im Spiel – fliegt man mit seinem Flugzeug darüber, explodiert es und stürzt ab.

Wenn ein Boss Eure Bewegungen kennt

Metal Gear Solid bietet den wohl verrücktesten Boss-Fight-Twist, wenn man das denn so nennen darf. Denn auf herkömmlichem Wege lässt sich der Gegner Psycho Mantis nicht besiegen – sieht man mal davon ab, dass er sich mit ein paar Kniffen dann doch auch anderweitig schwächen lässt.

Aber als das Spiel Ende der Neunziger für die PlayStation herauskam, gab es viele verzweifelte Spieler: Psycho Mantis kann Gedanken lesen und ahnt die Bewegungen der Spieler bzw. von Solid Snake voraus. Um dies zu verhindern, muss der Controller von Port 1 einfach auf Port 2, 3 oder noch besser 4 gesteckt werden – also jener Port für Spieler 2, 3 und 4. Bei Port 4 dauert es länger, bis der Boss sich irgendwann anpasst. Verrückt, oder?

300 Mio. Dollar mit Crowdfunding

Star Citizen hat man als Spieler mit Sicherheit irgendwo schon einmal gehört. 2012 startete das Sci-Fi-Spiel als Crowdfunding-Projekt und ist auch 2020 noch lange nicht fertig. Satte 8 Jahre lange nimmt das Studio von Chris Roberts (Wing Commander) bereits Geld durch Schwarmfinanzierung ein und erreichte im Juli 2020 eine Zahl, von denen andere Entwickler nur träumen dürfen: 300 Millionen US-Dollar konnten durch Fans und Interessierte seit Beginn angespült werden. Im Dezember 2019 stand der Zähler noch auf 250 Mio. Dollar.

Die Macher fügen immer mehr Features hinzu, die besonders Hardcore-Fans solcher Simulationen freuen dürfte. Doch der Durchschnittsspieler fragt sich: wird das Ding jemals fertig? Es ist und bleibt das wahrscheinlich größte Crowdfunding-Gaming-Projekt.

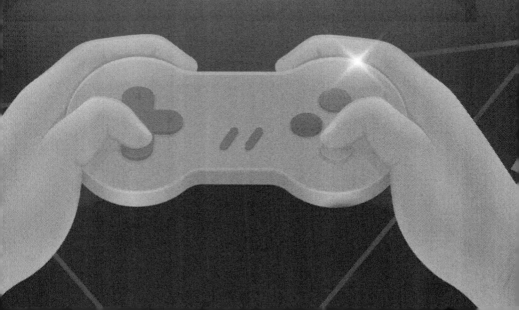

Kleine Häppchen: Nintendo-Version

Irgendwie konnte ich es nicht lassen, Nintendo ein eigenes Kapitel mit Häppchen zu spendieren. Da kommen doch einige interessante und unnütze Fakten zusammen, wenn natürlich längst nicht alle und nur ein paar ausgewählte.

Nintendo existiert seit 1889

Nintendo-Fans wissen es natürlich, doch es darf nicht unerwähnt bleiben: der japanische Konzern wurde im Jahr 1889 gegründet und stellte anfangs sogenannte Hanafuda-Spielkarten her.

Yakuza verhalf Nintendo zum Erfolg

So richtig wollte das Hanafuda-Geschäft aber nicht laufen, bis die kriminelle Organisation Yakuza regelmäßig zahlreiche Kartendecks orderte, um sie für die eigenen Gaunereien zu verwenden. Erst durch das organisierte Verbrechen boomte das Ganze so richtig – Nintendo hatte da seine Finger natürlich nicht im Spiel und verkaufte die Karten bloß.

Danach ging es bergauf

Die Hanafuda-Karten waren nur der Anfang, ab etwa Mitte der 1960er ging vor allem Spielzeug über die Ladentheken. Teilweise klassisch, aber auch ausgefallen und exklusiv. An Mario und Co. war da noch lange nicht zu denken, stattdessen gab es beispielsweise Nintendos erstes Spielzeug Rabbit Coaster, Tischfußball, einen Liebestester und die sogenannte Ultra Hand, entwickelt vom Game-Boy-Erfinder Gunpei Yokoi.

Disney-Deal erlaubte mehr Experimente

Und dann waren da noch die eher experimentellen Phasen von Nintendo, die abseits von Spielkarten und Spielzeug erforscht wurden. Das Geld dafür kam durch Disney, die damals einen Deal für Hanafuda-Micky-Maus-Karten abschlossen.

Nintendos Liebeshotel

Man mag es kaum glauben, aber eines dieser Experimente bzw. neuen Richtungen war tatsächlich ein Liebeshotel. Wie der Name schon sagt, konnte man hier Räume für Zärtlichkeiten mieten. Und das völlig diskret, die Kunden hatten nicht zwingend Kontakt zum Personal.

Was es sonst noch so gab

An dieser Stelle ein paar Beispiele, was Nintendo sonst noch so entwickelte. Alles würde den Rahmen sprengen.

So gab es unter anderem auch Babyschaukeln, Instant-Reis, Staubsauger, Kugelschreiber und ein Taxiunternehmen namens Daiya, das der damalige Präsident Hiroshi Yamauchi wieder verkaufte. Unterdessen musste sich Nintendo in einem Gerichtsverfahren mit LEGO herumschlagen, da die Japaner ähnliche Bausteine auf den Markt brachten.

Nintendos erste Konsolen-Erfahrungen

Nintendo machte nicht mit einer eigenen Konsole erste Erfahrungen in dem Bereich, sondern mit der bereits vorher erwähnten Magnavox Odyssey. Hierfür entwickelte Nintendo eine Lightgun und sicherte sich die Vertriebsrechte der Konsole für Japan, um sie im Land der aufgehenden Sonne selbst zu veröffentlichen.

Nintendo Color TV-Game

Und dann wurde es ernst: Nintendo brachte mit dem Color TV-Game 6 seine erste Konsole mit sechs verschiedenen Pong-Varianten heraus. Kurz darauf folgte das Color TV-Game 15 mit fünfzehn Spielen.

Nintendos eigener Heimcomputer

Nintendo baute Mitte der Achtziger sogar einen echten Heimcomputer namens Nintendo AVS, der mit einer Tastatur, Datasetten-Laufwerk, Joystick und Lightgun daherkam, um den amerikanischen Markt anzusprechen. Alle Geräte wurden drahtlos über Infrarot betrieben, auch das Laufwerk.

Er kombinierte einige Features, die heute jeder Computer besitzt bzw. einsetzen kann, darunter das Kombinieren von Musik, das Programmieren von Spielen, „Light Wand TV game interacting", usw. Zudem zauberte das AVS Grafiken auf den Bildschirm, die zum damaligen Zeitpunkt unglaublich realistisch waren. Das Projekt wurde jedoch eingestampft, stattdessen entwickelte Nintendo das NES auf Basis des AVS.

NES: Mit dem Power Glove zur Bewegungssteuerung

Mit dem Power Glove entwickelte Nintendo einen Handschuh, der erstmals Bewegungssteuerung auf einer Heimkonsole ermöglichte. Er taucht auch im Hollywoodfilm Joy Stick Heroes (The Wizard) auf – der Film wiederum diente Nintendo Ende der Achtziger als eine Art Werbung für Super Mario Bros. 3.

NES: 3D-Brille, Mikrofon und ein Roboter

Das NES erhielt nicht nur den Power Glove und diverses Zubehör, sondern ebenfalls ziemlich coole Gadgets. Darunter etwa einen kleinen Roboter namens R.O.B, der Befehle vom TV-Bildschirm aus empfängt und sich bewegen kann.

Aber auch eine 3D-Brille hatte Nintendo in Japan auf den Markt gebracht, ebenso wie eine Strickmaschine, ein Diskettenlaufwerk, eine Lightgun, eine Tanzmatte, einen NES-Controller mit Mikrofon für Karaoke und einiges mehr. Heute kaum noch denkbar, dass Hersteller ihre Konsole derart erweitern.

Game-Boy-Schöpfer starb durch einen Autounfall

Gunpei Yokoi starb 1997 im Rahmen eines Autounfalls. Bis zu diesem Zeitpunkt war er einer der wichtigsten Mitarbeiter für Nintendo, war seine größte Schöpfung doch der Game Boy. Aber auch der gefloppte Virtual Boy, Game & Watch und sogar das digitale Steuerkreuz gingen auf seine Kappe. Darüber hinaus arbeitete er an Spielen wie Metroid, Donkey Kong, Kid Icarus und vielen weiteren Projekten mit.

Miyamoto wollte „Springen in Videospielen" patentieren lassen

In einer offiziellen Frage-&-Antwort-Runde von Nintendo stellte sich Entwickler-Legende Shigeru Miyamoto 2009 seinem Schicksal und wurde von Nintendo ausgequetscht. Er gab zu, dass er in den Achtzigern „Springen in Videospielen" patentieren lassen wollte, weil er sich sagte: *„Ok, ich möchte nicht, dass andere Spiele uns toppen können."*

Miyamoto darf nicht mit dem Fahrrad zur Arbeit fahren

So richtig nachweisen lässt sich nicht so richtig, was davon wirklich wahr ist. Doch es heißt, Mario-Schöpfer Shigeru Miyamoto darf angeblich nicht mit dem Fahrrad zur Arbeit fahren, da Nintendo befürchtet, ihm könnte etwas unterwegs zustoßen. Zumindest sei das Risiko mit dem Fahrrad größer. Denn Miyamoto gehört mit zu den wichtigsten Mitarbeitern des Unternehmens.

Mii auf Super Nintendo

Wahrscheinlich jeder dürfte Nintendos Avatare Mii kennen, die erstmals auf der Wii in Erscheinung traten. Und dabei wollte Shigeru Miyamoto diese ursprünglich schon auf dem Super Nintendo realisieren, was dem Rest des Unternehmens aber irgendwie nicht so richtig gefallen wollte. Daher wurde das Projekt vorerst nicht weiter verfolgt.

Nintendo war bereits mit dem Super Nintendo online

Noch bevor Online-Dienste auf Konsolen überhaupt ein Thema waren, experimentierte unter anderem auch Nintendo mit derartiger Technik. Beispielsweise schon 1995 mit dem sogenannten Satellaview. Dabei handelt es sich um eine Hardware-Erweiterung für das Super Nintendo, wobei man nicht nur News erhalten, sondern auch Spiele herunterladen konnte. Insgesamt 114 Spiele wurden veröffentlicht.

Nintendo hielt Zelda für unprofitabel

Zum Glück hatte Nintendo sich doch umentschieden: Laut Miyamoto lehnte der Konzern anfangs dessen Konzept zu The Legend of Zelda ab, da man es als unprofitabel einstufte. Könnt Ihr Euch das vorstellen?

Was hat Zelda mit Miyamotos Kindheit zu tun?

The Legend of Zelda entstand mehr oder weniger aus den Erfahrungen seiner Kindheit. Denn in dieser war er viel unterwegs und erforschte seine Umgebung. Als er damals eine Höhle ausspähte, nahm er seinen Mut zusammen, schnappte sich eine Laterne und ging tiefer in die Höhle hinein, wodurch er in eine weitere Höhle kam. Und diese Erlebnisse sind laut Miyamoto im Grunde auch in Zelda vorhanden – ein Kind erforscht alleine Höhlen und muss sich entscheiden, wohin es als nächstes geht.

Will Wright in Link's Awakening

Ok, das ist vielleicht ein wenig aus den Haaren herbeigezogen, aber im Grunde taucht Sim-City- und Sims-Schöpfer Will Wright auch in Link's Awakening auf. Oder anders ausgedrückt: Dr. Wright aus der SNES-Version von Sim City, der eine virtuelle Version von Will Wright darstellt. Im Zelda-Spiel hat dieser sogar ein eigenes Haus und ist selbst im Switch-Remake zu sehen.

Zelda ist Sheik

Ok, das weiß natürlich jeder Nintendo-Fan: Zelda ist Sheik. Doch im Jahr 2014 räumte Nintendo mit der Theorie auf, dass sich Zelda dabei in ein anderes Geschlecht verwandelt, denn Sheik wirkt männlich und muskulös. Wie die Japaner endgültig bestätigten, ist Sheik definitiv weiblich und keine Geschlechter-Transformation. Es sei einfach Zelda in einem anderen Outfit.

Zeldas Wiegenlied rückwärts...

Habt Ihr Euch möglicherweise schon einmal gewundert, woher Euch das Haupt-Theme von The Legend of Zelda: Skyward Sword irgendwie bekannt vorkommt? Kein Wunder, denn es ist das legendäre Zelda-Wiegenlied – nur rückwärts gespielt. Zwei beliebte Musikstücke sind also im Grunde nur eines.

Epona sollte Mario begleiten

Link und Epona sind unzertrennlich. Doch ursprünglich war das wahrscheinlich bekannteste Pferd der Videospiel-Geschichte für Super Mario bestimmt. Kein Scherz: Epona sollte in Super Mario 64 den Klempner durch das Pilzkönigreich begleiten, wurde am Ende aber aufgrund von Schwierigkeiten während der Entwicklung eingestampft. Womöglich ein Hinweis darauf, dass die Levels im 64-Hüpfer größer hätten ausfallen sollen.

Tom Hanks sollte Super Mario spielen

Mit Super Mario Bros. existiert ein Film von 1993 rund um den berühmten Klempner, dessen Hauptrolle von Bob Hoskins verkörpert wird. Ursprünglich bewarb sich der damals weniger bekannte und heute Oscar-prämierte Darsteller Tom Hanks (Der Soldat James Ryan, Cast Away) um die Rolle des Super Mario. Zwar hatte er zum damaligen Zeitpunkt schon in über 20 Filmen mitgespielt, ihm fehlte aber der Superstar-Status. Deshalb befürchteten die Macher, dass er nicht über genügend Anziehungskraft verfügt.

Wenn Super Mario real wäre, ...

... so müsste er knapp 5,5 Kilometer zurücklegen, um das erste Super Mario. Bros zu beenden.

Super Mario Bros. Super Show

In der TV-Serie Super Mario Bros. Super Show verkörpert Lou Albano den kultigen Klempner. Und der war offenbar so von seiner Arbeit besessen, dass er damals seinen echten Namen für immer ablegen und sich Mario nennen wollte. Das soll er zu dem Zeitpunkt den Produzenten bzw. Nintendo angeboten haben, verriet der damals beteiligte Produzent John Grusd einmal in einem Interview.

Marios Bösewichte sind musikalisch

Ok, zumindest deren Namen. Einige der Bösewichte in der Welt von Super Mario wurden nämlich nach Musikgrößen benannt: Ludwig (van Beethoven), Iggy (Pop) und Lemmy (Kilmister). Die feuerspuckenden Triceratops in Super Mario World tragen den Namen Reznor und sind nach Trent Reznor von den Nine Inch Nails benannt.

Super Marios ursprünglicher Name

Dass Super Mario anfangs Jumpman hieß, ist gar kein wirkliches Geheimnis, tauchte er als solcher doch im Klassiker Donkey Kong im Jahr 1981 auf. Und dabei hatte Schöpfer Shigeru Miyamoto sogar noch einen ganz anderen Namen im Sinn: Mr. Video. Am Ende benannte er Mario nach dem Vermieter des Nintendo-Bürogebäudes um.

Marios Nachname ist...

Mario und Luigi heißen mit Nachnamen Mario, also Mario Mario und Luigi Mario. Das blieb lange Zeit unbestätigt und kam nur durch diverse Spiele und den Mario-Film ans Tageslicht. Erst 2015 zum 30-jährigen Jubiläum des Klempners bestätigte Miyamoto das Ganze, nachdem er Jahre vorher noch Gegenteiliges in einem Interview behauptete.

Mario mag Prinzessinnen

Marios Prinzessin war nicht immer dieselbe: Erst rettete er Pauline in Donkey Kong. Nach Pauline rettete er Daisy und nach Daisy Peach, wobei er letztendlich bei Letzterer geblieben ist. Pauline und Daisy haben immer mal wieder Auftritte in diversen Spielen, darunter Super Mario Odyssey oder auch Super Smash Bros.

Mario auf Drogen

Um Super Mario zu werden, nimmt der Klempner bekanntlich rote Pilze zu sich, wodurch er größer wird. Diese Pilze existieren wirklich und nennen sich Amanita Muscaria. Unter anderem kann ein psychedelischer Effekt auftreten, bei dem der Konsument denkt, er würde wachsen. Den Pilz kennt man hierzulande natürlich auch als Fliegenpilz. Vorsicht: nicht nachmachen, zumal der Fliegenpilz giftig ist.

Bowser hat nur ein Kind

Shigeru Miyamoto räumte mit der Annahme auf, dass die Koopalinge die Kinder von Bowser sind. Wie er bestätigte, hat Bowser nämlich nur ein Kind: Bowser Jr., wobei die Mutter unbekannt sei. Die sieben Koopalinge unterstützen Bowser bloß in seinen Machenschaften.

Bowser war ursprünglich ein Ochse

Marios Gegenspieler Bowser war ursprünglich keine große Schildkröte, sondern ein Ochse. Das erklärt vermutlich auch die Hörner und die definierte Schnauze.

Super Mario 64 war ursprünglich ein SNES-Spiel

Der N64-Meilenstein Super Mario 64 wurde ursprünglich für das Super Nintendo entwickelt und sollte für die 3D-Darstellung auf den SuperFX-Chip setzen. Aufgrund technischer Limitierungen entschied sich Nintendo dann doch dagegen. Miyamoto gab 1992 bereits einen Hinweis auf ein solches Spiel: *„Vielleicht trägt Mario künftig metallene Klamotten."*

Tinkle Popo… äh, sorry Kirby

Miyamoto zufolge war der Name von Kirby anfangs nicht Kirby, sondern Tinkle Popo. Benannt wurde die rosarote Knutschkugel nach Jurist John Kirby, der dem Konzern 1982 bei einer Klage gegen Universal Studios beistand. Er erhielt sogar die exklusiven Rechte, all seine eigenen Boote „Donkey Kong" nennen zu dürfen.

Pokémon Platin in Europa zensiert

Während man in vorherigen Pokémon-Versionen noch mit virtuellen Spielautomaten spielen konnte, um Geld zu gewinnen, wurde diese Möglichkeit in der EU-Fassung von Pokémon Platin gestrichen. Anscheinend fällt auch ein virtueller Spielautomat unter Glücksspiele - und die sind zumindest in Deutschland nur für volljährige Spieler bestimmt.

Devil World: Das in den USA verbotene Nintendo-Spiel

Direkt nach Super Mario und Zelda machte sich Miyamoto an die Entwicklung von Devil World, einem Pac-Man-ähnlichen Spiel. Das erschien 1984 in Japan und 1987 in Europa, jedoch nicht in den USA. Verboten ist vielleicht nicht das richtige Wort, doch offiziell auf den Markt kam dies aufgrund der strikten Richtlinien von Nintendo of America nicht. Denn darin geht es um religiöse Symbole und Erscheinungen, unter anderem Satan.

Steve Wozniak und der Tetris-Highscore

Das 2012 eingestellte offizielle Nintendo-Magazin Nintendo Power war gar nicht so richtig glücklich darüber, dass ein Leser ständig neue Tetris-Highscores einreichte. Der Leser war Apple-Mitgründer Steve Wozniak, dessen Highscores aufgrund der überdurchschnittlichen Regelmäßigkeit irgendwann nicht mehr abgedruckt wurden. Also drehte er einfach seinen Namen um und die Nintendo Power druckte ab nun die Tetris-Punkte von Evets Kainzow ab.

Warum manche NES-Spiele schwer sind

Einige NES-Spiele, darunter Battletoads, sind vom Schwierigkeitsgrad her nicht unbedingt einfach. Und das hat auch einen Grund: durch den Spieleverleih nahm Nintendo weniger Geld ein. Der Gedanke hinter einem höheren Schwierigkeitsgrad: wenn Spieler für jene Titel viel mehr Zeit benötigen, kaufen sie sich wahrscheinlich die Spiele, statt diese sich für eine kurze Zeitspanne auszuleihen.

Turtles 3 und der Kopierschutz

Teenage Mutant Ninja Turtles III kam 1992 für das NES heraus und verfügt über einen ganz witzigen Kopierschutz – für damalige Verhältnisse. Handelt es sich um eine kopierte Version, so wird der vom Spieler ausgehende Schaden reduziert, gleichzeitig den der Gegner verdoppelt und Fiesling Shredder unsterblich gemacht. Unmöglich also, das Ende zu erreichen.

Goldeneye 007 hatte nur 9 Entwickler

Goldeneye 007, eines der wichtigsten N64-Spiele, hatte gerade einmal nur 9 Entwickler im Team. Und 8 von ihnen arbeiteten das erste Mal an einem Videospiel. Übrigens ist das Spiel auf dem N64 gerade einmal nur 12 MB groß.

Warum Mario Party 8 anfangs nicht in England erscheinen durfte

Als Mario Party 8 2007 für die Wii herauskam, zog Nintendo den Titel in England wieder aus dem Verkehr. Denn darin kam das Wort „spastic" vor, was in England eine etwas andere Bedeutung als in Amerika hat bzw. diskriminierend ist. Es dauerte nicht lange, bis Nintendo eine neue Version für Großbritannien auf den Markt brachte, in der aus „spastic" das neue Wort „erratic" (unberechenbar) wurde.

Ace Attorney und der Penis auf dem Büfett

Ohne Bilder zu zeigen, lässt sich das schwer vorstellen. Doch in der GBA-Version von Ace Attorney: Phoenix Wright - Justice for All glänzt auf dem Büfett ein rötlicher Penis. Zumindest hat es den Anschein, was auch die Entwickler eingestehen mussten und für die internationale Version entfernten. Am Ende war es vermutlich nur ein Hummer in einer ungünstigen Position.

Nintendo hält Rechte an 2 Pornos

Nintendo besitzt die Rechte an den beiden Pornos Super Hornio Bros 1 und 2, die damals entsprechende Parodien zum Film Super Mario Bros. darstellten. Nintendo ist natürlich nicht Produzent der Filme, stattdessen kaufte das Unternehmen die Rechte, damit die Streifen niemals an die Öffentlichkeit gelangen. Lange Zeit galt das als urbane Legende, doch die Webseite Something Awful konnte Hinweise sammeln und erhielt sogar Kopien der Filme. Laut Kolumnist Zack Parsons soll der Porno-Regisseur eine bessere Arbeit mit Hauptdarsteller Ron Jeremy abgeliefert haben, als die Regisseure mit Super Mario Bros.

Was HAL mit IBM zu tun hat

Eigentlich nichts weiter, doch eine kleine Gemeinsamkeit liegt im Namen. Die drei Buchstaben HAL liegen nämlich jeweils eine Stelle vor den drei Buchstaben IBM. Damit wollte das Unternehmen gleichzeitig verdeutlichen, IBM immer einen Schritt voraus zu sein. HAL entwickelte unter anderem Spiele wie Kirby's Adventure, SimCity 2000, Pokémon Stadium und natürlich Super Smash Bros.

Wii-Technik wurde von Microsoft und Sony abgelehnt

Die Technik hinter der Wii-Bewegungssteuerung wurde von Microsoft und Sony damals abgelehnt, da sich beide Unternehmen wohl nicht viel davon versprachen. Hinter der Technik stand der Konzern Gyration Inc, der auch an Nintendo herantrat und am Ende den Zuschlag erhielt. Microsoft und Sony dürften sich letztendlich ganz schön geärgert haben, wurde die Wii doch zu einem der größten Konsolen-Erfolge.

Nintendo hasste anfangs den Namen Wii

Designer-Legende Shigeru Miyamoto hatte auf der Digital Contents Expo 2009 folgendes verraten: Als der Name für Nintendos Heimkonsole gesucht wurde, fiel intern das Wort „Wii". Nintendo of Europe und Nintendo of America aber hassten damals den Namen, da es umgangssprachlich wie Urin bzw. urinieren klingt, nämlich „Pee". Letztendlich hatte sich das aber gelegt und die meisten Leute fühlten sich mit Wii vertraut.

Pokémon Lugia war ursprünglich nur für Film geplant

Das Pokémon Lugia sollte ursprünglich gar nicht in den Spielen auftauchen, stattdessen war es von Anfang an nur für den zweiten Film rund um die beliebten Taschenmonster geplant. Der Schöpfer war am Ende jedoch so begeistert von dem Monster, dass er es auch in den Gold- und Silber-Editionen sowie künftigen Anime-Serien unterbringen wollte.

Pikachu war offizielles WM-Maskottchen

Fußballfans dürften es noch wissen: Pikachu war das offizielle Maskottchen der japanischen Mannschaft zur Fußballweltmeisterschaft 2014, die damals in Brasilien stattfand. So wirklich Glück brachte Pikachu den Japanern allerdings nicht.

Punch-Out!!: bitte keine Kontroverse

Etwas mutiger war Nintendo ja in den Achtzigern und Neunzigern. Dennoch wollte der Konzern beim NES-Spiel Punch-Out Kontroversen vermeiden und änderte kurzerhand den Namen des Kämpfers Soda Popinski um. Der russische Fighter hieß anfangs nämlich Vodka Drunkenski.

Nintendo Comboy

Nintendo-Konsolen konnten erst ab 2004 in Südkorea verkauft werden, nachdem dort ein Import-Verbot für japanische kulturelle Güter auferlegt wurde, das bis zum zweiten Weltkrieg ging. Hyundai Electronics übernahm in dem Land den Vertrieb und verkaufte die Konsolen unter folgende Namen: NES nannte man Hyundai Comboy, das SNES Super Comboy und das N64 wurde Comboy 64 betitelt.

Alle N64-Spiele würden auf eine Switch-Karte passen

Man wird ja noch träumen dürfen: alle 388 im Handel veröffentlichten N64-Spiele würden problemlos auf einer Switch-Karte unterkommen. Es wäre sogar noch Platz übrig. Maximal 64 MB kann ein N64-Spielmodul fassen, wobei viele Spiele deutlich weniger verbrauchen. Aber geht man mal von 64 MB pro Spiel aus, so wären das umgerechnet 24,8 GB. Auf eine Switch-Karte passen 32 GB.

Nintendos Absicht: Switch-Module schmecken ekelhaft

Wer an ein Spielemodul der Nintendo Switch leckt, aus welchen Gründen auch immer, wird mit einem bitteren Geschmack belohnt. Tatsächlich steckt dahinter Absicht der Japaner: mit der zum Einsatz kommenden Substanz Denatoniumbenzoat will Nintendo kleine Kinder davon abhalten, die Module in den Mund zu nehmen bzw. gar zu verschlucken.

Nintendos US-Baseball-Team

Die Seattle Mariners, ein amerikanisches Major League-Baseball-Team, gehörten lange Zeit Nintendo. Nintendo kaufte sie Anfang der Neunziger und bewahrte sie so vor dem finanziellen Aus. 2016 reduzierte Nintendo die eigenen Anteile auf 10 Prozent.

Ein Nintendo-Handy

Nintendo arbeitete vor langer Zeit an einem eigenen Handy mit Spielen. Es wurde bislang allerdings nie realisiert, was auch kein Wunder sein dürfte, gerade bei der Konkurrenz. Stattdessen veröffentlicht Nintendo diverse Mobile-Ableger seiner Spiele für iOS- und Android-Geräte – und das auch sehr erfolgreich.

Pornospiele? Lieber nicht!

Für diverse Nintendo-Systeme wurden immer mal wieder einige pornografische Spiele verkauft, die natürlich nie von Nintendo genehmigt wurden. Heute sind manche von ihnen mehrere tausend Euro wert.

Neue Konsole bei Flop

Nintendo verfügt stets über eine weitere Konsole in der Entwicklung, um im Falle eines Flops schnell reagieren zu können – so war es zumindest in der Vergangenheit. Ein Beispiel: Nintendo entwickelte einen offiziellen Nachfolger des Game Boy Advance, veröffentlichte aber stattdessen den Nintendo DS. Wäre der DS ein Flop gewesen, hätte Nintendo innerhalb eines Jahres einen neuen Game Boy auf den Markt gebracht.

Nintendo Power Loppi

Nintendo Power was? Bis 2007 gab es in Japan einen Modul-Service, über den man sich neue und alte Spiele direkt auf spezielle Flash-Karten kopieren konnte. Also quasi so wie heutige Download-Spiele auf Speicherkarten. Unterstützt wurden etwa Game Boy und das Super Nintendo. Die Spiele waren in der Regel günstiger als Retail-Titel. Nach dem Aus mussten Spieler ihre Module dann direkt zu Nintendo schicken, um neue Spiele darauf installieren zu lassen.

Conker's Bad Fur Day war viel zu niedlich

Das 2001 für das Nintendo 64 veröffentlichte Conker's Bad Fur Day kennt man als doch weniger jugendfreies Spiel. Und dabei war ursprünglich alles anders, denn als damals ein erster Trailer veröffentlicht wurde, war Conker's Bad Fur Day ein weiteres niedliches Nintendo-Spiel – zumindest so die Kritiken zu der Zeit. Um das nicht so stehen zu lassen, machten die Entwickler eine Kehrtwende und kreierten ein Spiel, das Gewalt, Flüche, Alkohol, Nazi-Teddys und einiges mehr zu bieten hat. Freigegeben ist es entsprechend ab 16 Jahren.

Fox McClouds Vater in F-Zero X

In F-Zero X ist quasi Fox McClouds Vater zu finden. In dem Rennspiel existiert ein Fahrer namens James McCloud, also der Vater von Fox. Darüber hinaus trägt dieser dieselben Klamotten wie der Starfox-Pilot.

Starfox Adventures war einst ein anderes Spiel

Das GameCube-Spiel Starfox Adventures hieß ursprünglich Dinosaur Planet und hatte mit Starfox gar nichts am Hut. Als Miyamoto zu der Zeit eine Demo des Titels betrachtete, schien er wenig begeistert und dachte sich, dass sich die Charaktere aus Starfox doch besser in dem Titel machen würden. Und so kam es dann auch, die Crew trifft in dem Spiel auf eine Dinosaurier-Welt. Vergleichsweise war das Ganze eher ein Flop.

Chrono Trigger und der träumende Entwickler

Chrono Trigger ist eines der am meisten unterbewerteten Spiele auf dem Super Nintendo, hat aber seine große Fanbase. Spannend daher für alle Fans, die es noch nicht wussten: der Großteil der Musik entstand quasi in den Träumen von Yasunori Mitsuda. Die Musikstücke basieren auf denen, die er in seinen Träumen hörte – er schlief auch mehrere Male im Tonstudio. Nachdem er dann durch einen Festplatten-Crash gut 40 Songs verlor, bekam er Hilfe vom JRPG-Musik-Meister Nobuo Uematsu (Final Fantasy), der die Musik mit fertigstellte und mitkomponierte.

Pokémon: Wusstet Ihr…

Die ersten Pokémon-Editionen Blau und Rot kamen 1996 auf den Markt, in Europa sogar fast drei Jahre später. Doch wusstet Ihr, dass die Entwicklung insgesamt sechs Jahre dauerte und nur neun Leute an den Spielen beteiligt waren? Klingt für heutige Verhältnisse doch ziemlich klein.

Apropos: die ersten 151 Pokémon wurden nur von einer Person erschaffen, nämlich Ken Sugimori. Einst sollten 190 Monster kreiert werden, doch aufgrund des engen Zeitplans schafften die Macher das nicht. Mew sollte übrigens gar nicht im Original auftauchen und wurde erst kurz vor Veröffentlichung implementiert.

Ursprünglich hießen die Pokémon Capsule Monsters. Inspiriert lassen haben sich die Macher von der TV-Show Ultraman – von was genau auch immer.

Pokémon… ok, jetzt wird es technisch

Nachdem 2020 der Quellcode diverser Pokémon-Spiele im Netz auftauchte, wurde ein äußerst interessantes Detail aufgedeckt, das vermutlich nur für Hardcore-Fans interessant sein dürfte. Aber das macht unnützes Wissen ja irgendwie auch aus.

Wie herauskam, ist die Häufigkeit bzw. die Rate der Begegnungen mit den Pokémon in den 4-Gen-Titeln teilweise gar nicht zufällig. Je nach Datum fallen diese ganz unterschiedlich aus. Zum Beispiel ist die Begegnungsrate am 1. Januar 10 Prozent höher. Oder am 3. Oktober (Tag der Deutschen Einheit) 5 Prozent. Nehmen wir auch mal den Geburtstag von Pokémon-Entwickler Junichi Masuda her: an jenem Tag schlüpfen die Monster aus ihren Eiern zu 10 Prozent schneller. Es gibt viele solcher Daten.

Aus Super Mario 128 wurde Pikmin

Vielleicht ist das ein wenig weit hergeholt, doch im Grunde gar nicht so unwahr. Nintendo zeigte im August 2000 eine Demo namens Super Mario 128, in der genau so viele Marios gleichzeitig auf dem Bildschirm herumrannten – und das völlig flüssig. Das sollte die Power der GameCube-Konsole demonstrieren. Shigeru Miyamoto liebte die Idee dahinter so sehr, dass er das Konzept mit zahlreichen Figuren und die Technik dahinter für Pikmin aufgriff.

Nintendogs sollte 16 Versionen bekommen

Ursprünglich sollten von Nintendogs 16 verschiedene Versionen auf den Markt kommen, wobei sich jede Fassung auf eine Tiergattung konzentrierte. Am Ende wurden glücklicherweise nur 3 Versionen + die Katzen-Ableger herausgebracht. Nintendogs verkaufte sich übrigens häufiger als der NES-Klassiker Super Mario Bros 3.

Miyamoto hatte die Idee für ein solches Spiel, nachdem er sich einen Hund zulegte. Und als er sich dann auch noch eine Katze anschaffte... naja Ihr wisst schon... Nintendogs + Cats. Inspirieren ließ er sich übrigens auch vom Film Die unglaubliche Reise von 1963. Der Mario-Schöpfer wollte im Anschluss ein reines NintenCats entwickeln, ließ aber davon ab, da er der Ansicht war, dass Katzen nicht wirklich viel am Tag tun. Auch Delphine und Pferde waren später ein Thema.

Fire Emblem: Awakening – Wo sind die Füße?

Sieht man von den Zwischensequenzen ab, so haben die Figuren im 3DS-Spiel Fire Emblem: Awakening keine Füße. Das wirkt natürlich merkwürdig, hat laut den Machern aber gleich mehrere Gründe. Einerseits wollte man den Figuren eine Art charakteristische Ungleichmäßigkeit verleihen und andererseits weniger Rechenleistung verbrauchen.

Zum Ende hin stellten die Entwickler fest, dass noch genügend Ressourcen zur Verfügung stehen, um animierte Füße darzustellen. Das Problem: nun war es zu spät dafür, den Charakteren doch noch ihre Füße zu verpassen. Die Macher gaben zu, dass die Spieler dadurch teilweise verwirrt sind und sich vielleicht auch ablenken lassen.

Warum Kirby im Westen zornig dreinschaut

Nintendos pinker Hüpfer Kirby blickt auf den Spiele-Covern im Westen zorniger drein, als es auf den japanischen der Fall ist. Dort ist Kirby als fröhlicher, kleiner Kerl zu sehen. Warum das so ist, erklärte Director Shinya Kumazaki von Entwickler HAL.

Das Studio selbst ist in Japan komplett in die Entwicklung involviert, was ebenso das Design des Spiele-Covers einbezieht. Letztendlich lasse sich in Japan mit der niedlichen Kirby-Version ein größeres Publikum erreichen.

Zwar werde Kirby auf dem Cover als niedlich dargestellt, in ihm stecke aber auch eine ernstere Seite, die im Laufe der Spiele immer mehr und mehr hervorkomme. Und diese ernstere Seite komme wiederum im Westen gut an. Das ist also der Grund, warum Kirby in unterschiedlichen Gemütsfassungen gezeigt wird.

Nintendos Satoru Iwata

Zu Ehren des 2015 verstorbenen Satoru Iwata, der Nintendo seit Anfang der 2000er leitete, folgend ein paar eher weniger bekannte Details.

Iwata führte in seinem Berufsleben bekanntlich nicht nur Nintendo an und arbeitete 18 Jahre lang bei HAL Laboratory, sondern er entwickelte unter anderem Spiele wie Earthbound und Balloon Fight.

- Doch das erste von ihm entwickelte Spiel war ein Baseball-Spiel auf seinem 'Hewlett Packard'-Taschenrechner.
- Er war auch der erste in seiner damaligen Schulklasse, der einen solchen Taschenrechner besaß.
- Er liebte es, seine Kreationen den Klassenkameraden vorzuführen.
- Das erste Spiel, das Iwata jemals gespielt hat, ist ein echter Klassiker: Pong.
- Sein erster PC war ein Commodore PET, was ihm dabei half, Spiele für das NES zu entwickeln. Denn der Commodore PET besitzt eine ähnliche CPU wie das NES.
- Iwatas erstes veröffentlichtes Spiel war Super Billiards für das MSX.
- Eine besondere Fähigkeit von Iwata war es, sehr schnell Programmier-Code zu schreiben. So schrieb er beispielsweise den gesamten Kampf-Code zu Pokemon Stadium innerhalb einer Woche völlig alleine.
- Für HAL Laboratory begann er zu arbeiten, als er noch aufs College ging.

- Er sorgte dafür, dass HAL Laboratory wieder Erfolg hatte, nachdem das Unternehmen 1992 bankrott ging.
- Er war es auch, der Earthbound vor dem Aus rettete.
- Und auch wenn er für HAL Laboratory nicht mehr arbeitete, so steuerte er weiterhin Konzeptgrafiken und Ideen bei.
- Als der damalige Nintendo-Präsident Hiroshi Yamauchi mit Iwata Gespräche führte, die wiederum zu dessen Beförderung als neuer Präsident führten, dachte Iwata, dass Yamauchi ihm kündigen wolle.
- Iwata war der erste Nintendo-Präsident, der nicht aus der Yamauchi-Familie stammte.
- Als Nintendo mit finanziellen Schwierigkeiten im Jahr 2014 konfrontiert wurde, ließ er sein Gehalt um 50 Prozent kürzen, um dem Konzern damit zu helfen.
- Iwata sagte einmal: *"On my business card, I am a corporate president. In my mind, I am a game developer. But in my heart, I am a gamer."*

Pssst... da kommt noch mehr...

Vielen Dank für das Lesen dieses Buches. Ich hoffe, Dir hat Band 1 der Gaming-Nonsense-Reihe gefallen. Mit diesem Projekt verdiene ich kein Geld, stattdessen werden durch die Buch-Verkäufe nur die Kosten gedeckt, darunter Werbung, Lizenzen und Server-Kosten.

Dahinter steckt zudem eine Mission. Ich möchte, dass all diese Themen, Fakten, Geschichten und Co. nicht in Vergessenheit geraten. Gerade in der schnelllebigen Zeit heutzutage geht vieles unter und ist irgendwann weg aus den Köpfen, trotz Wikipedia, Gaming-Magazine und so weiter.

Damit diese Reihe weiter bestehen kann, kannst Du mich unterstützen, indem Du das Buch weiterempfiehlst und eine Rezension bei Amazon hinterlässt.

Bei Fragen, Anregungen oder Kritik: buch@sebj.de

Gamingnonsense.com

Danksagung

Ohne die Arbeit bei gamona (*2003 - †2019) als Ressortleiter im Bereich News und ohne die ehemaligen Kollegen wäre das Buch nicht möglich gewesen. Oder zumindest nicht mit einem lachenden und einem weinenden Auge. An dieser Stelle möchte ich mich bei allen für die großartige Zeit, die vielen Lacher, die spannenden Themen, die Geduld, den Unsinn und die schönen Gespräche bedanken.

Mein Dank gilt unter anderem Andreas Bertits, Andreas Spies, Bianca Zimmer, Daniel Janßen, David Hain, Denis Brown, Denis Michel, Dominik Schott, Florian Balke, Frank Fischer, Garry „Gunny" Leusch, Gregor Thomanek, Guido Grose, Hauke Kruse, Heiner Gumprecht, Huy Vu, Hy Quan Quach, Ingo Kurpanek, Jakob Heiden, Matthias Grimm, Marco Dehner, Martin Beck, Michael Förtsch, Moritz Arlt, Nedzad Hurabasic, Oliver Dombrowski, Patrick Benthin, Patrick Bierans, Peer Kröger, Peter Osteried, Pierre Eichhorn, Rajko Burchardt, René Grieskamp, Roland Peters, Sabrina Hartwig, Sebastian Thor, Thomas Bayer, Thomas Goik, Thomas Held, Thomas Hinsberger, Thomas Striegl, Tim Bissinger, Tobias Wüst, dem geliebten „Keks" und den vielen anderen Jungs und Mädels, die in all den Jahren mitgewirkt haben.

Danke auch an meine Frau, die mich Tag für Tag als Gamer ertragen muss. Danke an meinen Sohn, der mich immer wieder aufs Neue zum Lachen bringt. Und danke auch an die zahlreichen Freunde und Kollegen innerhalb der Gaming- und Unterhaltungsbranche.

Impressum

Copyright © 2020 Sebastian Jäger | Kiebitzweg 3 | 08209 Auerbach

Deutschsprachige 1. Ausgabe - Alle Rechte vorbehalten.

Autor: Sebastian Jäger (gamingnonsense.com)
E-Mail-Kontakt: buch@sebj.de
Covergestaltung: Sebastian Jäger

Hinweis

Die Texte wurden nach bestem Wissen und Gewissen verfasst und sorgfältig überprüft. Dennoch kann für eventuelle Fehler keine Garantie übernommen werden. Das Werk ist urheberrechtlich geschützt und bedarf für die Verwertung außerhalb der gesetzlich geregelten Fälle eine schriftliche Genehmigung des Autors.

Alle in diesem Buch erwähnten Markennamen sind Eigentum ihrer jeweiligen Eigentümer. Der Herausgeber / Autor des Buches steht in keinerlei Verbindung mit den genannten Produkten und Unternehmen.

Der Autor

Sebastian Jäger ist Autor, Journalist, Fotograf und Kreativjunkie. Seit 2004 veröffentlicht er vorwiegend online Texte, mit denen er – vor allem unter Synonymen - weltweit Millionen von Lesern erreicht hat.

ISBN: 9798642882887

Imprint: Independently published

Die Deutsche Nationalbibliothek verzeichnet diese Publikation in der Deutschen Nationalbibliografie; detaillierte bibliografische Daten sind im Internet über dnb.dnb.de abrufbar.

Printed in Poland
by Amazon Fulfillment
Poland Sp. z o.o., Wrocław

13767659R00141